초등완성 어휘력의 힘

하루 10분, 상위1% 똑똑한 아이로 키우는 초등신문

초등완성 어휘력의 힘

초판 1쇄 인쇄　2025년 12월 15일
초판 1쇄 발행　2025년 12월 15일
지은이　　이용준
편　집　　박혜진
디자인　　반짝공(본문), 미래소년(표지)
펴낸곳　　온유서가
출판등록　제2020-000124(2020년 11월 17일)
전화　　　010-2437-5305
이메일　　onyoubook@gmail.com
ISBN　　　979-11-975548-3-4 (73300)

- 이 책은 저작권법에 따라 보호받는 저작물이므로 무단 전재와 무단 복제를 금지하며, 책 내용의 전부 또는 일부를 이용하려면 반드시 저작권자와 온유서가의 동의를 받아야 합니다.
- 책값은 뒤표지에 있습니다. 잘못 만들어진 책은 구입하신 곳에서 바꿔드립니다.

초등완성
어휘력의 힘

온유서가

들어가는 말

　한국에서도 오래도록 인기를 얻었던『모리와 함께 한 화요일』(미치 앨봄 지음, 1997)이라는 책에서 죽음을 눈앞에 둔 모리 교수는 자식을 낳아 기르는 일에 대해 이렇게 말합니다.

　"사람들이 자식을 낳아야 되느냐, 낳지 말아야 되느냐 물을 때마다 나는 어떻게 하라고 말하지 않네. 그저 '자식을 갖는 것과 같은 경험은 이 세상 어떤 것과도 다르다네.'라고만 간단히 말하지. (…) 타인에 대해 완벽한 책임감을 경험하고 싶다면, 그리고 사랑하는 법과 가장 깊이 서로 엮이는 법을 배우고 싶다면 자식을 가져야 해."
(공경희 옮김, 세종, 2002)

　어린 시절에 이 책을 읽었을 때는 이런 부분이 있는지조차 몰랐답니다. 대부분 그렇겠지만 20대 나이에는 결혼이나 육아가 너무 먼 나라 이야기니까요. 그러다 시간이 흘러 헐레벌떡 막차 타듯 결혼을 하고 아이를 낳고 종일 서로 엮인 채 살아가다보니 그때서야 저 문장들이 다시 보였어요. 타인에 대해 가질 수 있는 가장 완벽한 책임감, 그리고 가장 깊이 엮이는 방법. 아마도 인생에서 이것을 겪을 수 있는 사람은 부모뿐이겠지요.

　딸 화음이가 살면서 가장 오랜 시간을 함께 보낸 사람은 아빠입니다. 회사를 다니는 엄마와 달리 아빠는 시간을 여유 있게 활용할 수 있는 바람에 언제든 같이 있었거든요. 그렇기 때문에 화음이의 짧은 인생에서 가장 많은 대화를 나눈 사람도 아빠입니다. 물론, 점점 더 커가면서 그 순위는 바뀔 것이 분명하지만, 지금까지는 그렇답니다. 우리는 서로에게 깊게 엮여있는 중입니다. 훗날 화음이가 커서 '심각하게 엮여있던 그 시절은 별로였어.'라고 말하더라도, 어쩔 수 없지요.

　전 오래도록 학생들을 가르치는 일을 했고, 마찬가지로 화음이에게도 무엇이든 가르쳐주고 싶었어요. 처음엔 숫자 세는 법을 가르쳐 주었고 다섯을 셀 수 있게 되자 기뻐서 눈물이 날 뻔했지요. 세 살짜리 아이에게 '다섯'은 너무 낯선 숫자거든요. 그리고 한글도 가르쳐 주었어요. 글자를 좀 더 작게 쓰는 법도 가르쳐 주었고, 숫자를 쓸 때 그림처럼 그리는 법도 가르쳐 주었어요. 보라색과 핑크색의 차이도 알려주었고, 비 오는 날 우산 펴는 법도 가르쳐 주었고, 운동화 뒤에 있는 고리를 잡고 신발을 신는 법도 가르쳐 주었지요. 아, 젓가락질도 가르쳤어요. 화음이는 작은 밥알도 집을 수 있답니다.

　그렇다고 무엇이든 다 가르쳐 줄 수는 없었어요. 화음이가 '싫어'라는 말도 배웠거든요. 싫은 것이 늘어난다는 것은 새로운 우주가 막 시작된다는 의미이기도 하니 한편으론 기쁘기도 했어요. 하지만 세상은 알고 보면 배우기 싫은 것들이 잔뜩 들어차 있는, 복잡한 가로세로퀴즈 같은 것이잖아요. 가로줄만 다 풀었다고 문제가 해결되는 게 아니니까요. 그래서 세로줄도 풀 수 있도록 도와주면 좋겠다고 생각했어요. 그래서 가장 먼저 했던 일은 화음이가 궁금해하는 것을 찾아내는 것이었어요. 우리가 함께 손을 잡고 산책을 하면서 볼 수 있는 광경 중에서, 혹은 이 동네와 친구들에게서 발견할 수 있는 새로운 변화에 대해 같이 얘기를 해보면 어떨까 싶었어요.

예를 들면, 우리 동네에는 왜 이렇게 팝업스토어 공사가 많은가에 대해, 왜 폐지 줍는 할아버지는 동네 마트 앞에 손수레를 세워두고 막걸리를 마시는가에 대해, 우리 동네 가로수는 왜 닭발처럼 생겼는지에 대해, 왜 샤인머스캣은 점점 맛이 없어지는가에 대해, 친구의 엄마는 왜 한국 사람처럼 생기지 않았는가에 대해, 왜 헌옷수거함에 버려진 옷들이 가득 차 있는지에 대해, 왜 제주도 바닷가에서 수영을 하면 몸이 따가운지에 대해 궁금해했어요. 이 궁금증들에 대해 함께 이야기하면서 그것들의 속사정이 담긴 기사들을 많이 찾아봤어요. 그것들을 찾아보다 화음이가 읽기 좋게 요약을 해서 보여주면 어떨까 했어요. '네가 직접 읽어보렴. 그건 이렇다는구나.' 이렇게요.

그러다 보니, 신문 기사들이 어렵다는 것을 알았어요. 하루에도 수만 건의 기사가 쏟아지지만 아이가 읽기에는 단어들이 너무 어려웠어요. 한자어를 기반으로 한 단어들 혹은 개념들이 많다 보니 쉽게 이해하기 어려웠던 것이지요. 그래서 기사에 달린 단어들을 풀어주고, 그 단어가 다른 곳에서 어떤 식으로 활용될 수 있는지 찾았어요. 아마 이 책과 다른 책의 가장 큰 차이점을 찾으라고 하면 그 부분이 아닐까 싶어요. 한자 어휘가 다양하게 파생되면서 만들어지는 단어들과 의미에 대해 좀 더 다양하게 접근하려고 했답니다.

궁금증이 생길 때마다 그렇게 정리된 것을 출력해서 같이 얘기해보고, 어휘들을 찾다 보니 이게 꽤 재밌는 일이더라고요. 저 말고 화음이에게도 마찬가지였어요. '세상에 이런 신기한 일이 있다니!'하고 말이죠. 물론, 화음이는 지금도 옆에서 '내가 궁금해한 건 아닌데, 아빠가 궁금하지 않냐고 자꾸 물어봤잖아.'라고 얘기하고 있지만요.

그런 과정을 거치면서 자료들을 하나씩 차곡차곡 정리한 후 문제를 붙인 게 이 책이랍니다. 문제를 붙이고 또 고치는 일에 대해서는 화음이가 여러 가지 도움을 주었어요. 너무 어려운 문제나, 너무 풀기 싫은 문제에 대해 이야기해주었어요. 이 책의 최초의 독자로서 이렇게 저렇게 고치자고 옆에서 잔소리도 늘어놓았고요.

이 책은 그렇게 화음이와 1년 동안 공부한 흔적이자, 기록이에요. 1년 동안 열심히 이야기하고 웃고 울며 투덕거렸던 기록들이에요. 이 책을 통해 부모와 자식이 한 번 더 이야기 나눌 수 있기를, 그리고 좀 더 촘촘히 엮이기를 기대할게요. 중요한 건 하나를 맞히느냐 아니냐가 아니라, 서로 얼마나 엮일 수 있느냐이니까요.

2025년 여름 햇볕이 무서울 정도의 어느 날
화음 아빠

이 책의 특징

주제를 사회, 문화, 경제, 환경, 과학 5개로 구분했어요. 실제 신문처럼 다양한 섹터를 구성함으로써 폭넓은 교양을 쌓을 수 있도록 했어요.

초등학교 교육과정에서 어떤 교과목과 어떤 식으로 연계되는지 내용을 붙여놓았어요. 교과를 배우면서 이 내용들을 활용할 수 있을 거예요.

난이도를 별로 표시해두었어요. 가장 어려운 문제는 별이 5개랍니다.

본문은 모두 3문단으로 구성되었어요. 하나의 사건에 대한 다양한 신문 기사들을 초등 수준에 맞게 짜깁기하여 재구성하였어요.

낯선 단어들을 풀이해 놓았어요. 국어사전식 풀이가 아니라, 본문에서 문맥에 따라 어떤 의미로 사용되었는지 구체적으로 풀이해놓았어요.

---

01 사회

날짜   년   월   일   요일

|관련 교과| 3학년 사회 우리 고장의 환경과 생활 모습   5학년 사회 우리나라의 인구 분포와 문제

장 보러 2시간, '식품 사막'을 아시나요? ★★★

노인들 "장 보기 어려워 굶을 판"

(가) 곳곳에 편의점과 마트, 백화점이 즐비한 도시에 사는 사람이라면, '식품 사막'이란 말을 이해하기 어려울 거예요. 하지만, 인구가 줄어가는 농촌에서는 마트에 가기 위해 버스나 자가용으로 1시간을 타고 나가야 하는 일이 흔하게 벌어지고 있어요. 스마트폰으로 온라인 주문을 하고 다음날 택배로 받을 수 있다면 좋겠지만, 스마트폰이나 컴퓨터를 사용하기 어려운 노인들에게 이것은 너무나 어려운 일이에요. 그러다 보니 과일이나 채소, 생선, 계란과 같은 신선한 식품을 접하기 어렵게 돼요.

(나) 전국 2만 7천여 개의 농촌마을 중 약 74%에는 아예 마트가 없어요. 우유나 계란, 라면을 바로 살 수 없다는 뜻이에요. 전북 정읍은 93%의 마을에 마트가 없을 정도랍니다. 마트에서 물건을 살 수 있는 사람의 수가 워낙 적다보니 원래 있던 마트가 모두 문을 닫았기 때문이죠. 근력이 부족한 고령의 노인들은 운전을 하기 쉽지 않으니, 꼼짝없이 대중교통을 이용해야 하고 그러면 장 보는 일 자체가 너무 힘든 일이 됩니다.

(다) 우리보다 앞서 초고령 사회를 맞이한 일본에서도 사는 곳 주변에서 장을 볼 수 없는 사람들을 '쇼핑 난민'이라 부르며 정부 차원에서 지원을 실시하고 있어요. 식품 사막 지역에 마트를 여는 기업에게 다양한 보조금을 지원해주거나, 이동식 편의점 트럭을 운영하여 노인들이 손쉽게 식품을 구할 수 있도록 돕습니다. 우리도 늦었지만 비슷한 정책들을 실시하고 있어요. 경기도 포천시의 경우, 식품 사막 상황에 처한 마을주민들을 위한 이동식 마트를 운영하고 있어요. 지난 2021년부터 트럭을 개조해 '찾아가는 행복 장터'라는 이름을 달고 지역 농협 등과 함께 예산을 투입해 운영하고 있거든요.

어휘 풀이

식품 사막 원래 있던 마트가 없어져서 먹을 것이 사라진 사막이 되었단 뜻.   **즐비** 줄지어 빽빽하게 늘어서 있다.   **섭취** 우리 몸이 영양소를 몸속으로 집어넣는 일.(=먹기)   **고령** 나이가 많은   **초고령화 사회** 전체 인구에서 65세 이상의 비율이 20% 이상이면 초고령 사회.(우리나라도 초고령 사회)   **쇼핑 난민** '난민'은 어려움에 빠진 사람을 일컫는데, 그 앞에 '쇼핑'이 붙어있으니 쇼핑에 어려움을 겪는 사람 정도로 이해할 수 있어요.   **보조금을 지원** 나라에서 돈을 지원하여 기업이 활동할 수 있도록 돕는 것(보조금=도와주는 돈, 지원=돕다)   **예산** 필요하여 미리 계산해놓은 돈.

왼쪽 페이지 (교재 지면)

오늘의 단어

筋 힘줄 근 力 힘 력

어떤 단어에 력(力)자가 붙으면 '~하는 능력/힘'이 됩니다. 근력은 당연히 근육의 힘이겠지요. 우리가 흔히 쓰는 단어들 중에도 '□□력' 혹은 '□력'이 참 많답니다. '력'으로 끝나는 단어 누가 더 많이 생각해내나 게임을 해도 좋을 정도예요. (아참, '력'이 단어 앞에 오면 '역'이 된답니다. 역도(力道) 알죠?)

• 상상력 / 설득력 / 영향력 / 잠재력 : (숨겨져 있는 능력) / 노력 / 실력 / 능력 / 속력 / 시력 / 협력 등

내용 확인

1. 위 글의 내용과 같은 것은 O, 내용과 다른 것은 X 표시해보세요.

① 고령층은 온라인으로 택배를 배송시키는 일에 익숙하지 않아요. (　　)
② 전국 농촌마을 중 74%에는 대중교통이 없어요. (　　)
③ 마트가 문을 닫은 것은 마트를 운영하는 사람들도 노인이 되었기 때문이에요. (　　)
④ 일본의 경우 이동식 편의점을 운영하도록 정부에서 지원하고 있어요. (　　)

2. (가), (나), (다)의 내용을 정리해보았어요. 빈칸에 알맞은 단어를 넣어 보세요.

(가)	ㄴㅊ 지역에 인구가 줄어들면서 마트 또한 사라지고 있어요. 그렇기 때문에 온라인 주문에 익숙하지 못한 노인들은 신선한 식품을 접하기 어렵게 되었어요.
(나)	전국의 74%의 농촌 마을에는 아예 마트가 없답니다. 마트를 운영하기 어려울 정도로 사람이 없기 때문이지요. 하지만 근력이 부족한 노인들은 운전도 어렵고, ㄷㅈ 을 이용하여 멀리 나가 장 보기 또한 어렵습니다.
(다)	집 주변에서 장을 볼 수 없는 ㅅㅍ 을 위해 이동식 편의점을 운영하는 일본과 같이, 우리나라의 몇몇 지역도 이동식 마트를 지원하며 농촌 주민들을 돕고 있어요.

어휘 쑥쑥쑥

6. 다음에 사용된 '식' 중에서 그 의미가 다른 하나는 무엇일까요?

① 어려서부터 책을 많이 읽은 어린이는 상식이 뛰어난 어른이 될 가능성이 커요.
② 자신이 아는 것을 남이 모른다고 하여 그 사람이 무식한 것은 아니에요.
③ 아는 건 많이 없어도 때가 되면 배고파요. 어서 같이 급식실로 가요, 선생님.
④ 어라? 버스 카드가 인식이 안 돼요. 카드 결제기에 무언가 이상이 있나 봐요.
⑤ 저도 모르게 무의식적으로 콧구멍으로 손이 갔어요. 딱히 코를 파려는 것은 아니었는데.

생각하기

7. 다음의 사례에서 보이는 한국인의 태도는 어떤 태도인지 위 글에서 찾아 써보세요.

안산시 단원구 원곡동과 백운동은 2017년 이전까지는 원곡본동과 원곡1, 2동으로 구분되어 있었어요. 하지만 원곡1, 2동 지역의 주민 수가 크게 늘었고, 곳자로 복잡하게 나뉜 이름을 다시 정리해야 할 필요성이 생겼어요. 여기에 원곡동을 서울 그으려는 목소리도 있었고요. 외국인이 많은 원곡동에 대한 안 좋은 인식 때문에 명칭을 바꿔야 한다는 주민들의 요구가 컸거든요. 원곡동에 사는 외국인의 비율이 전국 최고인 70%였어요. 결국 원곡1, 2동이 백운동으로 바뀐 이후 원곡동은 외국인만 사는 동네라는 인식이 더 강해지는 바람에 한국 사람들이 점차 떠나게 되었어요.

(답) _____ 하려는 태도

추가자료

2025년 경기도의 이주배경학생은 5만 3천 명에 이른 답니다. 아버지나 어머니 중 한 분이 외국인이거나 혹은 둘 다 외국인인 경우예요. 이 수치는 1년 사이에 10%나 늘어난 수치예요. 전국의 이주배경학생이 19만 명 정도인 것을 고려하면, 경기도는 1/4 정도의 이주배경학생이 다니고 있는 것이지요. 한국에서 서툰 학생들을 위해 경기도는 '경기한국어랭기지스쿨'(KLS)를 만들어서 학교에 들어가서 적응할 수 있도록 돕고 있어요. 한편, 이미 학교에 입학한 이주배경학생들을 위해서는 다문화특별학급을 운영하면서, 한국 친구들과의 원만한 학급 생활을 돕고 있답니다.

• 161

설명 말풍선들

- 「오늘의 단어」는 글을 읽을 때 가장 낯설게 여겨지는 한자 단어를 익히는 부분이에요. 무작정 한자어를 외우는 것이 아니라, 어떤 식으로 확장되면서 단어를 만드는지 사례들과 함께 설명해놓았어요. 사용된 한자들은 한자 검정 6~7급 수준을 중심으로 구성했어요.

- 글을 제대로 읽었는지 확인해보는 과정이에요. 주로 주제나 구체적 내용, 그리고 문장/문단의 연결에 대한 질문이 많아요.

- 글을 읽고 이해하기만큼 중요한 것이 요약이에요. 전체 내용에 대해 한눈에 이해할 수 있도록 요약하고, 중요 단어들을 채워 넣도록 했어요.

- 「오늘의 단어」에서 배웠던 내용이나 단어 풀이에 나왔던 단어들을 활용한 문제들이에요. 아이들이 어려워할 수 있는 부분이에요.

- 본문의 내용에 대해 생각하면서 부모와 아이가 서로 이야기 나눌 수 있는 부분이에요. 정해진 답이 있긴 하지만, 다른 문제에 비해 열려 있는 부분이 많답니다.

- 「추가자료」는 본문 글에 추가하여 더 알아두면 흥미 있을 내용들을 추가해놓았어요.

차례

───── 들어가는 말　　　　　　　　　　　　　　　4
───── 이 책의 특징　　　　　　　　　　　　　　6

1주차

01 [사회] 장 보러 2시간, '식품 사막'을 아시나요?　　　12
02 [문화] 왜 다시 한국을 찾아왔냐고요? 맛있잖아요!　　15
03 [경제] 대전의 성심당이 최고의 빵집이 된 이유　　　19
04 [사회] '우후죽순' 무인점포, 누가 훔쳐 가면 어쩌나요?　23
05 [환경] 평균 수명도 채우지 못하는 동물원의 동물들　27

2주차

06 [문화] "책이요? 전 유튜브만 보는데요?"　　　　　33
07 [경제] 사람들이 제주도를 가지 않는 이유　　　　　37
08 [과학] 하늘에서 치킨이 내려와요!　　　　　　　　41
09 [사회] 고령 운전자의 운전면허를 빼앗아야 하나요?　44
10 [경제] 프랑스 파리 올림픽은 '가성비' 올림픽　　　48

3주차

11 [환경] 이제 칫솔과 치약은 내가 직접 챙겨가요.　　54
12 [경제] 팝업스토어가 끝나고 난 뒤　　　　　　　　57
13 [문화] 전승취약종목을 찾아서　　　　　　　　　　60
14 [과학] 비가 필요하다고요? 네, 금방 갑니다.　　　64
15 [환경] 내가 버린 그 옷은 어디로 갈까요?　　　　　67

4주차

16 [사회] 다음 쓰레기 매립지는 어디에 지어야 하나요?　73
17 [문화] 한강, 한국인 최초로 노벨문학상 수상　　　77
18 [환경] 저 젤리 아닌데요, 저 해파린데요.　　　　　80
19 [경제] 영화 관람료가 비싼 게 아니라고요?　　　　84
20 [사회] 골칫거리로 전락한 전동 킥보드　　　　　　88

5주차

21 [문화] 너 MBTI 뭐야? 우리 친구 할래?   94
22 [경제] 따라 사기 아니고, '디토'(Ditto) 소비입니다.   98
23 [과학] 맛있는 고기, 이제 실험실에서 얻어요.   102
24 [사회] 건물에 불이 났어요! 어떻게 해야 하지요?   105
25 [문화] 남편의 성을 따르는 게 그렇게 중요한가요?   109

6주차

26 [환경] 우리가 먹다 버린 음식물 어디로 가나요?   115
27 [경제] 저 이제 초콜릿 못 먹게 되나요?   118
28 [경제] 럭셔리 마케팅에 한번 속아볼까요!   121
29 [문화] 한국 양궁, 올림픽의 역사를 새로 쓰다.   125
30 [환경] 가로수가 꼭 닭발 같아요.   129

7주차

31 [사회] 폐지 줍는 일 말고 다른 일 하시면 안 돼요?   135
32 [경제] 샤인머스캣 가격이 이게 맞나요?   139
33 [사회] 휴대전화야 이제 안녕, 여긴 학교야.   142
34 [문화] 흑백요리사, 저도 재밌게 들었어요.   145
35 [과학] 태블릿 달랑 하나 들고 학교 가는 거 어때?   149

8주차

36 [환경] 길어진 여름이 우리의 밥상을 바꿔요.   155
37 [사회] 머지않은 미래, 우리도 다문화 국가   158
38 [과학] 하루 종일 쉬지 않고 일해도 괜찮아요.   162
39 [환경] 인도의 타지마할이 사라졌어요!   165
40 [문화] 한글 서예가 국가무형유산이 되었어요.   169

정답과 해설   173

1주차

01 [사회] 장 보러 2시간, '식품 사막'을 아시나요? 12

02 [문화] 왜 다시 한국을 찾아왔냐고요? 맛있잖아요! 15

03 [경제] 대전의 성심당이 최고의 빵집이 된 이유 19

04 [사회] '우후죽순' 무인점포, 누가 훔쳐 가면 어쩌나요? 23

05 [환경] 평균 수명도 채우지 못하는 동물원의 동물들 27

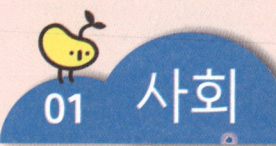

01 사회

|관련 교과| **3학년 사회** 우리 고장의 환경과 생활 모습 **5학년 사회** 우리나라의 인구 분포와 문제

장 보러 2시간, '식품 사막'을 아시나요? ★★★

노인들 "장 보기 어려워 굶을 판"

(가) 곳곳에 편의점과 마트, 백화점이 즐비한 도시에 사는 사람이라면, '식품 사막'이란 말을 이해하기 어려울 거예요. 하지만, 인구가 줄어가는 농촌에서는 마트에 가기 위해 버스나 자가용으로 1시간을 타고 나가야 하는 일이 흔하게 벌어지고 있어요. 스마트폰으로 온라인 주문을 하고 다음날 택배로 받을 수 있다면 좋겠지만, 스마트폰이나 컴퓨터를 사용하기 어려운 노인들에게 이것은 너무나 어려운 일이에요. 그러다 보니 과일이나 채소, 생선, 계란과 같은 신선한 식품을 접하기 어렵게 돼요.

(나) 전국 2만 7천여 개의 농촌마을 중 약 74%에는 아예 마트가 없어요. 우유나 계란, 라면을 바로 살 수 없다는 뜻이에요. 전북 정읍은 93%의 마을에 마트가 없을 정도랍니다. 마트에서 물건을 살 수 있는 사람의 수가 워낙 적다보니 원래 있던 마트가 모두 문을 닫았기 때문이죠. 근력이 부족한 고령의 노인들은 운전을 하기 쉽지 않으니, 꼼짝없이 대중교통을 이용해야 하고 그러면 장 보는 일 자체가 너무 힘든 일이 됩니다.

(다) 우리보다 앞서 초고령 사회를 맞이한 일본에서도 사는 곳 주변에서 장을 볼 수 없는 사람들을 '쇼핑 난민'이라 부르며 정부 차원에서 지원을 실시하고 있어요. 식품 사막 지역에 마트를 여는 기업에게 다양한 보조금을 지원해주거나, 이동식 편의점 트럭을 운영하여 노인들이 손쉽게 식품을 구할 수 있도록 돕습니다. 우리도 늦었지만 비슷한 정책들을 실시하고 있어요. 경기도 포천시의 경우, 식품 사막 상황에 처한 마을주민들을 위한 이동식 마트를 운영하고 있어요. 지난 2021년부터 트럭을 개조해 '찾아가는 행복 장터'라는 이름을 달고 지역 농협 등과 함께 예산을 투입해 운영하고 있거든요.

어휘풀이

식품 사막 원래 있던 마트가 없어져서 먹을 것이 사라진 사막이 되었단 뜻. **즐비** 줄지어 빽빽하게 늘어서 있다. **섭취** 우리 몸이 영양소를 몸속으로 집어넣는 일.(=먹기) **고령** 나이가 많은 **초고령화 사회** 전체 인구에서 65세 이상의 비율이 20% 이상이면 초고령 사회.(우리나라도 초고령 사회) **쇼핑 난민** '난민'은 어려움에 빠진 사람을 일컫는데, 그 앞에 '쇼핑'이 붙어있으니 쇼핑에 어려움을 겪는 사람 정도로 이해할 수 있어요. **보조금을 지원** 나라에서 돈을 지원하여 기업이 활동할 수 있도록 돕는 것(보조금=도와주는 돈, 지원=돕다) **예산** 필요하여 미리 계산해놓은 돈.

筋 힘줄 근 | 力 힘 력

어떤 단어에 력(力)자가 붙으면 '~하는 능력/힘'이 됩니다. 근력은 당연히 근육의 힘이겠지요. 우리가 흔히 쓰는 단어들 중에도 '□□력' 혹은 '□력'이 참 많답니다. '력'으로 끝나는 단어 누가 더 많이 생각해내나 게임을 해도 좋을 정도예요. (아참, '력'이 단어 앞에 오면 '역'이 된답니다. 역도(力道) 알죠?)

• 상상력 / 설득력 / 영향력 / 잠재력(숨겨져 있는 능력) / 노력 / 실력 / 능력 / 속력 / 시력 / 협력 등

1. 위 글의 내용과 같은 것은 ○, 내용과 다른 것은 X 표시해보세요.

① 고령층은 온라인으로 택배를 배송시키는 일에 익숙하지 않아요. (   )
② 전국 농촌마을 중 74%에는 대중교통이 없어요. (   )
③ 마트가 문을 닫은 것은 마트를 운영하는 사람들도 노인이 되었기 때문이에요. (   )
④ 일본의 경우 이동식 편의점을 운영하도록 정부에서 지원하고 있어요. (   )

2. (가), (나), (다)의 내용을 정리해보았어요. 빈칸에 알맞은 단어를 넣어 보세요.

(가)	ㄴ ㅊ 지역에 인구가 줄어들면서 마트 또한 사라지고 있어요. 그렇기 때문에 온라인 주문에 익숙하지 못한 노인들은 신선한 식품을 접하기 어렵게 되었어요.
(나)	전국의 74%의 농촌 마을에는 아예 마트가 없답니다. 마트를 운영하기 어려울 정도로 사람이 없기 때문이지요. 하지만 근력이 부족한 노인들은 운전도 어렵고, ㄷ ㅈ 을 이용하여 멀리 나가 장 보기 또한 어렵답니다.
(다)	집 주변에서 장을 볼 수 없는 ㅅ ㅍ 을 위해 이동식 편의점을 운영하는 일본과 같이, 우리나라의 몇몇 지역도 이동식 마트를 지원하며 농촌 주민들을 돕고 있어요.

3. 다음 낱말과 알맞은 뜻을 연결해보세요.

식품 사막 •

쇼핑 난민 •

• 물건을 구하러 집밖으로 나서기 어려운 노인들
• 이동식 트럭으로 식료품을 공급하는 지역
• 장 보기 위해 여기 저기 돌아다니는 사람들
• 집 주변에서 식품을 구할 수 있는 마트가 없는 지역

4. 위 글을 읽고 나니 어떤 생각이 들었나요?

① 노인들이 운동을 해야 해.
② 가게들이 문을 닫지 못하도록 강제로 막아야 해.
③ 노인들이 도시로 이사 와야 해.
④ 쇼핑 난민을 위해 정부가 해결에 나서야 해.
⑤ 식품 사막이란 단어를 쓰지 못하게 해야 해.

어휘 쑥쑥쑥

5. 다음의 단어 중 뜻이 비슷한 단어끼리 묶지 않은 것은 무엇인가요?

① 근력 – 힘   ② 섭취 – 먹다   ③ 예산 – 돈   ④ 즐비 – 준비   ⑤ 보조 – 돕다

6. 다음 대화에 들어갈 단어들을 [보기]에서 찾아 써보세요. ㉠ ☐☐, ㉡ ☐☐

화음 나 요새 눈이 안 좋아졌나봐.
하린 ㉠ ☐☐이 안 좋아졌어? 태블릿으로 맨날 유튜브 봐서 그런 거 아냐?
화음 아냐, 아빠가 유튜브 보면 자꾸 멍하니 앉아 있게 된다고 해서 못 봐.
하린 그럼, 유튜브 안 보고 뭐해?
화음 공부하지. 맨날 수학 ㉡ ☐☐을 키워야 한다면서 수학 공부만 시킨다니까.

[보기] 근력   노력   실력   시력   중력   속력

HINT **시력** 눈이 볼 수 있는 힘. **중력** 지구가 잡아당기는 힘. **속력** 물체의 빠르기.

| 관련 교과 | 4학년 사회 다양한 문화에 대한 이해와 존중   6학년 사회 세계 속의 우리나라

왜 다시 한국을 찾아왔냐고요? 맛있잖아요! ★★★
음식 찾아 한국 온 관광객들, 국적별로 좋아하는 음식은 달라

한국에 대한 인기는 이제 K-팝과 K-드라마를 넘어 K-푸드로까지 이어지고 있어요. 2024년 6월 발표된 서울관광재단의 조사 결과에 따르면, 관광을 위해 한국을 2번 넘게 찾아온 외국인들에게 왜 한국에 다시 찾아왔는지를 물어보았는데, 1위가 음식이 맛있어서였답니다. 그리고 차례대로, 쇼핑할 곳이 많아서(2위), 날씨가 좋아서(3위), 즐길 거리가 많아서(4위)였어요. 그렇다면 외국인들은 어떤 음식을 가장 좋아할까요?

같은 조사에 따르면, 외국인들은 한국에 오면 갈비와 삼겹살을 가장 많이 먹는다고 하네요. 그다음은 치킨, 또 그다음은 약과와 같은 디저트였습니다. 해외 유명 유튜버들의 경우는 결과가 조금 달랐는데, 유튜버들은 떡볶이를 가장 많이 먹었다고 합니다. 해외에선 떡볶이를 먹는 영상이 큰 인기가 있나 보네요. 유튜버들 역시 두 번째로 많이 먹은 음식은 삼겹살이었습니다. 삼겹살은 한국 사람이든 외국인이든 모두 좋아하는 음식인가 봅니다.

또 재밌는 결과 중 하나는 나라별로 좋아하는 음식이 달랐다는 것이에요. 우선 일본 관광객의 경우, 간장게장을 가장 많이 먹었다고 해요. 간장게장의 독특한 맛이 일본의 것과는 다를뿐더러, 가격 또한 한국이 더 싸다고 하네요. 중국, 대만의 관광객들은 중국 음식을 많이 먹었다고 해요. 중국 사람들이 중국 음식을 먹었다고 하니 이상해보이기도 하겠지만, 한국의 중국 음식은 한국다운 맛이라서 색다르게 느낀다고 하네요. 동남아 관광객의 경우 닭갈비와 곱창을 주로 먹었다고 합니다. 평소 먹었던 동남아의 음식들과 비슷하게 느껴서라고 답했답니다. 이렇듯, K-푸드는 한국 문화를 알리는 데 큰 힘을 발휘하고 있습니다.

국적 국가에 소속된 사람이 받는 자격. '너 국적이 어디야?'(=어느 나라 사람이야?)
관광 다른 지방이나 나라에 가서 그곳을 구경함.(=여행)
발휘 재능이나 능력을 떨치어 나타냄.

국가는 나라라는 뜻이지요. 국(國)자는 창을 든 병사들이 울타리를 지키는 모양을 나타내고 있어요. 그래서 '국(國)'이 앞에 붙으면 흔히 '나라의'라는 뜻이 된답니다. 국립, 국가, 국기, 국민, 국토, 국군 등 매우 자주 볼 수 있는 단어입니다. '가(家)'는 집(건물), 가정, 부족 등을 나타냅니다. 가족, 가정, 가문 등 '가' 역시도 흔하게 쓰이지요.

그런데 왜 나라를 뜻하는 단어에 집이 들어가 있을까요? 여기서 가(家)는 '작은 국가'를 뜻합니다. 옛날 중국의 나라 구분 방법을 보면 가장 큰 천하(=세계)가 있고, 그다음이 왕이 다스리는 국(國), 그 다음 작은 나라가 가(家)였어요. 그래서 국가란 큰 나라와 작은 나라를 모두 모아 부르는 말인 셈이죠.

1. 기사를 읽다 보니 기사 제목이 맘에 들지 않아요! 기사 내용을 좀 더 확실하게 보여줄 수 있는 제목을 다시 지어보려고 해요. 빈칸에 들어갈 알맞은 말을 찾아 쓰세요.

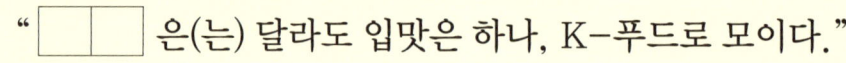

" ☐☐ 은(는) 달라도 입맛은 하나, K-푸드로 모이다."

2. 위 글은 무엇에 대해 말하고 있나요?

① 외국인들이 가장 많이 방문하는 도시
② 외국인들이 즐기는 한국의 음식들
③ 한국 음식과 다른 나라 음식의 차이점
④ 한국 음식을 알리기 위해 우리가 해야 할 일
⑤ 외국인들이 삼겹살을 사랑하는 이유

3. 위 글의 내용과 같은 것은 ○, 내용과 다른 것은 X 표시해보세요.

① 외국인들이 우리나라에 오는 가장 큰 이유는 쇼핑할 곳이 많아서래요. (   )
② 외국인들이 우리나라에서 가장 많이 먹은 음식은 떡볶이야. (   )
③ 유튜버들이 영상을 찍기 위해 두 번째로 많이 먹은 음식은 삼겹살이야. (   )

4. 관광객들의 나라별로 좋아하는 음식이 각기 다르다고 하지요? 관광객들의 국적에 따라 좋아하는 음식과 그 이유를 바르게 연결해보세요.

일본	•	간장게장	•	한국스러운 맛이 느껴져서
중국, 대만	•	닭갈비, 곱창	•	자기 나라보다 싸고 맛이 독특해서
동남아	•	중국 음식	•	자기 나라 음식과 비슷해서

5. 다음 뉴스의 '국' 중에서 '나라'를 뜻하는 '국'이 아닌 것은 무엇일까요? 동그라미 쳐보세요.

한미 국가 회담이 국립 중앙박물관에서 열렸습니다. 이번 회의에 대한 국민들의 관심이 높은 가운데, 국기 게양대 앞에 선 정상들의 모습을 보도국에서 보내 드리고 있습니다.

6. 한국 고유의 음식으로 초성 퀴즈 내기

옆집에 외국인 가족이 이사 왔어요. 새로운 이웃에게 한국 고유의 음식을 소개해주고 싶은데, 도무지 생각이 안 나요. 아빠에게 여쭤보았더니 그냥 알려주면 재미없다면서 갑자기 초성 퀴즈를 내신다는 거예요. 아빠는 참! (개구쟁이!) 아무튼, 초성 퀴즈는 다음과 같아요. 우리 함께 맞혀 봐요.

ㄸㅂㅇ	→ "빨간색 음식하면 역시"	ㄴㅁ	→ "여름엔 역시 이 음식"
ㅂㅂㅂ	→ "자, 이제 비벼주세요."	ㅅㄱㅅ	→ "지글지글 구워요."
ㄱㅊ	→ "1년 내내 매일 먹음"	ㄱㅊㅉㄱ	→ "대한민국 1등 찌개"
ㅂㄷㅉㄱ	→ "찌개에 햄을 왕창"	ㄱㅈㄱㅈ	→ "게가 들어있는 검은색 단짠 반찬"

2024년 어떤 나라 사람들이 한국을 가장 많이 방문했을까요? (출처: 한국 관광 데이터랩)
1. 중국 (460만 명) 2. 일본 (322만 명) 3. 대만 (147만 명) 4. 미국 (132만 명) 5. 홍콩 (57만 명)

2023년 우리나라 사람들은 과연 어느 나라를 많이 갔을까요? (출처: 한국관광데이터랩)
1. 일본 (695만 명) 2. 베트남 (228만 명) 3. 태국 (166만 명) 4. 필리핀 (145만 명) 5. 미국 (83만 명)

|관련 교과| **4학년 도덕** 다양한 사람들과 더불어 살기   **4학년 사회** 경제 활동과 합리적 선택

대전의 성심당이 최고의 빵집이 된 이유 ★★★
맛있고 푸짐한 빵이 이렇게 쌀 수가 있나요

(가) 지난 4월에 발표된 자료에 따르면, 대전의 자랑 성심당 빵집이 대기업들에 비해 더 많은 이익을 올렸다고 해요. 거리를 가다 흔히 볼 수 있는 파리바게뜨는 국내외의 약 4,000개의 빵집으로 223억의 이익을 거둔 반면, 4개 점포가 전부인 성심당은 ㉠_____ 476억의 이익을 거둔 거예요. 1956년 구호물자로 받은 밀가루 2포대로 찐빵 가게를 시작한 성심당은 이제 전국에서 가장 성공한 빵집이 되었답니다. 그렇다면, 성심당이 지금과 같이 성공할 수 있었던 이유는 무엇일까요?

(나) 무엇보다 싸고 맛있는 빵을 첫 번째 이유로 들 수 있어요. 대표메뉴인 튀김소보로 빵이 1,700원일 정도로 빵들의 가격이 싸고 맛도 훌륭해요. 성심당의 빵들은 푸짐한 양으로도 유명합니다. 이렇게 할 수 있는 이유는 기본적으로 빵 제작에 들어가는 다른 비용이 적기 때문이에요. 성심당은 커다란 매장에서 수많은 직원들이 각자 맡은 빵을 즉석에서 만들어서 바로 팔아요. 건물 임대료나 운송비, 광고비도 따로 없기 때문에 그저 만들고 바로 팔기만 하면 돼요. 싸게 만들어도 많이 파니 이익이 남는 거죠.

(다) 둘째는, 성심당이 지키고 있는 나눔의 정신이에요. 1대 사장인 임길순 씨는 한국 전쟁 때 가족이 살아남는다면 남은 인생은 어려운 이웃을 위해 살겠다고 다짐했어요. 그래서 그날 만들어서 팔고 남은 빵은 모두 가난한 이웃들에게 나누어주었어요. 지난해에만 해도 성심당은 대전 지역에 10억 원이 넘는 빵을 기부했답니다. 70년 가까이 이어져온 이런 나눔의 전통은 많은 손님들로 하여금 성심당은 '착한 기업'이라는 생각을 갖게 해주었답니다. 그리고 이런 곳에서 빵을 사먹음으로써 나눔에 동참할 수 있게 되는 것이죠.

> **어휘 풀이**
>
> **이익** 나에게 보탬이 되는 것. 경제에 관련된 글에서는 '번 돈'을 뜻해요.   **구호물자** '구호'란 어려운 사람을 돕는다는 뜻. 즉, 어려운 상황에 놓인 사람들을 돕는 물자(물건과 자원)를 뜻해요.   **동참** '동(同)'은 여기서 '함께'라는 뜻이에요. 그러므로 함께 참여한다는 말이죠.   **임대료** 가게를 하는 공간을 건물 주인에게 빌릴 때, 빌리는 행위를 임대라고 하고 그 비용을 임대료라고 불러요.   **운송비** 빵을 공장에서 만들면 가게로 보내야 빵을 팔 수 있어요. 그때 보내는 일을 '운송'이라고 하고, 그때 드는 돈을 '운송비'라고 해요.   **기부** 아무 대가없이 남을 돕기 위해 물건이나 돈을 내놓는 일.

동(同)은 같은 소리를 내며 함께 일을 하는 모습을 그린 한자예요. 어떤 짐을 여러 명이 '하나 둘 하나 둘' 구령에 맞춰 함께 들면 일이 편해지겠지요. 그래서 '함께하다(모임/집단) / (서로)같다'의 뜻이 생겼답니다.

이걸 활용하는 방법에는 크게 두 가지가 있는데 하나는 '함께'예요. 위 글에도 나온 동참(同參), 함께 돕는 협동(協同), 함께 사업하는 동업(同業), 한 부모에게서 태어난 동생(同生) 등이 있어요.

두 번째는 '같다' 혹은 '동등하다'예요. 같은 학교를 졸업한 동창(同窓), 나이가 같은 동갑(同甲), 성별이 같은 동성(同性) 등이 있어요.

1. 성심당에 대한 설명으로 틀린 것은 무엇일까요?

① 1956년 대전에서 구호물자인 밀가루 2포대로 시작한 빵집이에요.
② 전국에서 가장 규모가 큰 빵집이에요.
③ 대표메뉴는 튀김소보로 빵이에요.
④ 성심당의 빵들은 푸짐하기로 유명해요.
⑤ 그날 만들어서 팔고 남은 빵은 모두 가난한 이웃에게 나누어 주어요.

2. ㉠에 들어갈 수 있는 표현으로 어울리는 것은 무엇일까요?

① 기껏해야　　② 고작　　③ 불과
④ 한낱　　⑤ 무려

3. (가), (나), (다) 내용을 정리해보았어요. 빈칸에 알맞은 단어를 넣어 보세요.

(가)	1956년 구호물자를 바탕으로 시작했던 대전의 성심당은 대기업 빵집들을 제치고 전국에서 가장 많은 ㅇㅇ 을 거둔 빵집이 되었어요.
(나)	성심당이 성공할 수 있었던 첫 번째 이유는 품질 좋은 빵을 싸게 팔기 때문이에요. 싸게 만들어 팔 수 있는 것은 그만큼 ㅂㅇ 이 적게 들기 때문이에요. 임대료나 운송비, 광고비 없이 직접 만들어 바로 팔기 때문에 돈 나갈 곳이 없는 것이죠.
(다)	두 번째 이유는, 성심당이 나눔의 정신을 지키고 있기 때문이에요. 1대 사장인 임길순 씨가 어려운 이웃을 위해 살겠다는 다짐을 한 이래, 팔고 남은 빵을 어려운 이웃을 위해 ㄱㅂ 하는 전통은 사람들에게 성심당이 착한 기업이라는 인식을 만들어주었어요.

4. 다음의 단어 중 뜻이 비슷한 단어끼리 묶이지 않은 것은 무엇일까요?

① 이익을 올리다 – 돈을 벌다 ② 푸짐하다 – 얼큰하다 ③ 즉석에서 – 곧바로
④ 기부하다 – 나눠주다 ⑤ 동참하다 – 함께하다

5. 다음 중 '동'의 의미를 다르게 사용한 게 있어요. 무엇일까요?

① 화음이는 학교에서 돌아오는 길에 우연히 유치원 동창 하윤이를 만났어요.
② 하랑이와 하루는 서로 협동하여 짐을 들고 가기로 했답니다.
③ 시연이 동생 주원이는 아직 너무 어려서 말을 잘 하지 못해요.
④ 하린이는 매우 활동적인 친구라서 가만히 있지 못해요.
⑤ 새로 시작한 방송 댄스 수업에서 솔이는 동갑내기 친구 고은이를 사귀었어요.

6. 다음의 이야기에 나오는 최부잣집이 사람들로부터 존경을 받는 이유와, 성심당이 사람들로부터 사랑을 받는 이유에는 공통점이 있어요. 무엇이 비슷한지 이야기 해볼까요?

경주 최부잣집 3대였던 최국선은 어느 스님이 "재물은 거름과 같습니다. 재물을 나누면 세상을 이롭게 하지만, 움켜쥐면 썩습니다."라고 말하는 것을 듣고 나눔을 결심했다고 한다. 최국선은 1671년 조선 현종 때에 흉년이 들어 농민들이 쌀을 빌려간 것을 못 갚게 되자 안타까워하며 갚아야 할 빚을 모두 없애버렸다.

최국선은 게다가 마을 주변에 굶어죽는 이들이 없게 하기 위해 죽을 쑤어 거지들에게 푸짐하게 나눠주었으며, 보리가 여물지 않은 3월과 4월의 보릿고개엔 100석의 쌀을 이웃에게 나눠주었다. 게다가 이때부터 수입의 1/3을 가난한 이들을 위해 쓰는 전통이 생기면서 200년 이상 이를 지켰다. 이렇듯 자기들의 배만 채우지 않고 주변과 나눌 줄 알았던 최부잣집은 조선 시대 내내 많은 사람들의 존경을 받았다.

거름 농작물이 잘 자라도록 땅에 뿌리는 영양분. 예전엔 사람들의 똥오줌으로 거름을 많이 했어요.

(예시) 최부잣집과 성심당의 공통점은 어려운 ○○들을 위해 ㄴㄴ의 정신을 실천하였다는 점이에요. 먼저 최부잣집은 (…)

| 관련 교과 | 4학년 사회 사회 변화로 나타난 일상생활의 모습   4학년 사회 경제 활동과 합리적 선택

'우후죽순' 무인점포, 누가 훔쳐 가면 어쩌나요? ★★★★
늘어나는 무인점포, 늘어나는 절도 범죄

　(가) 요새 아이스크림을 할인해서 파는 무인점포가 정말 자주 보이죠? 학교 앞이나 아파트 상가마다 하나씩은 있는 것 같아요. 지난 2020년 코로나 유행을 거치면서 사람을 마주치지 않고 물건을 사고팔 수 있는 가게들이 많이 생겨난 거예요. 가게 주인이 따로 지키지 않고 손님이 알아서 계산하고 가는 방식이라 주인에게도 손님에게도 편한 점이 분명 있거든요.

　(나) 처음에는 아이스크림이나 과자 등을 파는 먹거리 무인점포만 있었는데, 이제는 커피나 디저트, 반찬과 도시락 거기에 반려동물 용품을 파는 가게까지 생겨났어요. 뿐만 아니라 즉석사진관, 헬스장, 실내 테니스장, 실내 골프장 등의 공간을 빌려주는 무인점포까지 생겨났답니다. 2024년 6월에는 전국에 무려 10만 개가 넘는 무인점포가 있다는 통계가 나오기도 했어요. 전국의 편의점이 약 5만 5천 개라는 점을 생각해보면, 그 수가 얼마나 많은지 알 수 있겠지요?

　(다) 　㉠　무인점포가 늘다보니 무인점포에서 발생하는 범죄도 많이 늘어나게 되었어요. 현장을 지키는 주인이 따로 없다 보니 물건을 가지고 그냥 가버리는 일이 생기는 거예요. 아무도 보고 있지 않다고 생각한 거죠. 2021년 3514건에서 2023년 1만 847건으로 3배 넘게 늘어날 정도로 소액 피해가 빈번하게 발생하는데도 주인들은 뾰족한 수가 없다고 해요. 전문가들은 무인점포는 범죄의 유혹에 쉽게 빠질 수 있는 공간이므로, 더 철저한 범죄 대책이 필요할 것이라고 입을 모아 말하고 있어요.

어휘 풀이

무인점포 '점포'는 가게란 뜻이고, '무인'(無人)은 사람이 없다는 뜻이에요. 즉 사람이 지키지 않고 물건만 있는 가게란 뜻이에요.　**우후죽순** 비가 온 뒤에 여기저기 솟는 대나무 싹(죽순)이란 뜻으로, 어떤 일이 한 번에 많이 생겨났을 때를 말함.　**통계** 어떤 상황을 보기 편하게 숫자로 나타낸 것.　**소액** 적은 돈.　**뾰족한 수** 뾰족하다는 것은 연필 끝처럼 날카롭게 생긴 모양이지요. 어떤 문제에 대해 콕 하고 찔러서 해결할 수 있는 해결 방법을 뜻해요.　**전문가** 어떤 분야에 있어서 높은 수준의 지식과 경험을 가지고 있는 사람.　**유혹** 꼬여서 나쁜 길로 이끌어 감.

무(無)는 '없다'는 뜻이에요. 반대로 '있다'고 말하려면 있을 '유(有)'를 쓰면 돼요. 사람이 없는 매장이 무인점포라면 유인점포는 사람이 있는 점포이겠지요. 이처럼 '무'나 '유'는 다양한 글자를 붙여서 단어를 만들 수 있어요. 몇 가지 예시를 볼까요?

- "우리는 무적(無敵)의 파워특공대" → '적이 없다'니 얼마나 강한 걸까요? 그만큼 강하다는 뜻이에요.
- "무작정(無酌定) 밥만 먹으면 어떻게 하니?" → 작정은 '마음먹기/계획'이란 뜻이에요. 그러므로 '계획도 없이' 우선 저지르고 본 것이겠지요.
- "너 왜 나를 무시(無視)하니?" → '시(視)'라는 글자는 '본다'는 뜻이에요. 그런데, 앞에 있는데도 쳐다보지 않으니 얼마나 사람을 깔보는 것일까요? 그래서 무시는 사람을 깔본다는 뜻이 되었답니다.

1. 위 글의 내용으로 알맞지 않은 것은 무엇인가요?

① 무인점포는 주인이 없기 때문에 손님이 알아서 계산을 하고 가야 합니다.
② 무인점포는 아이스크림과 과자와 같은 먹거리를 팔면서 생기기 시작했어요.
③ 무인점포의 수가 편의점의 수보다 많다는 통계가 있어요.
④ 무인점포가 늘다보니 무인점포에서 발생하는 범죄의 수도 늘어나게 되었어요.
⑤ 범죄 대책으로 경찰의 강력한 순찰을 요구하고 있어요.

2. 어려운 문제 ㉠에 들어갈 연결어로 알맞지 않은 것은 무엇일까요?

① 예를 들어　　② 하지만　　③ 그런데
④ 이만큼　　　⑤ 그렇게

3. (가), (나), (다) 내용을 정리해보았어요. 빈칸에 알맞은 단어를 넣어 보세요.

(가)	코로나 시기를 거치면서 손님과 주인이 따로 마주치지 않고 물건을 살 수 있는 무인점포가 많이 늘어났습니다.
(나)	처음에는 먹거리 무인점포가 대부분이었지만 이제는 다양한 물품을 넘어 공간까지 빌려주는 점포까지 생겼습니다. 그러다보니 무인점포가 편의점보다 많아졌다는 ㅌㄱ도 나왔답니다.
(다)	하지만, 주인이 따로 지키지 않다 보니 무인점포에서의 절도 범죄가 많이 늘어나게 되었어요. 최근 소액피해에 대한 뉴스가 많이 나옴에도 불구하고, 주인들은 뾰족한 수가 없다고 해요. 전문가들은 무인점포가 범죄의 ㅇㅎ에 빠지기 쉬운 공간이므로 더 철저한 대책이 필요할 것이라 주장해요.

4. 친구들의 대화 중 빈칸에 들어갈 단어를 [보기]에서 찾아 써보세요. ㉠ ☐☐, ㉡ ☐☐

하린 화음아, 그거 모야, 손에 들고 있는 거?

화음 응, 젤리야. 무인점포에서 평소보다 싸게 ㉠ ☐☐하길래 사왔어. 과일맛이라서 정말 달콤해. 좀 줄까? 이거 쫀득쫀득 맛있어. 정말. 먹어봐.

하린 아, 근데 나 요새 단 거 너무 많이 먹는다고 혼났는데. 지난번에 치과 갔더니 이빨이 썩고 있대.

화음 괜찮아, 이거 먹고 이빨 빨리 닦으면 되지.

하린 안 돼, 화음아. 자꾸 ㉡ ☐☐하지 마. 진짜 먹고 싶단 말이야.

[보기] 구입   할인   할부   유혹   광고

5. 먹거리에서 '거리'는 '꺼리'라는 순우리말이에요. 쉽게 말하면 '무슨 일을 할 때 쓸 수 있는 재료' 정도가 돼요. 즉, '먹거리'란 '먹을 만한 것'이란 뜻이겠지요. '국거리'는 '국을 끓일 재료들'이란 뜻이겠고요. 우리말에는 이렇게 '거리'로 끝나는 말이 많아요. 2개만 찾아볼까요?

(답) _____

6. 무인매장이 마냥 편리하기만 할까요? 무인매장을 이용하다보면 생길 수 있는 불편한 점으로 맞지 <u>않은</u> 것은 무엇일까요?

"나 혼자 계산하는 법 모르는데 어쩌지?"

"나 맘이 바뀌어서 이거 안 사고 싶어. 어떻게 환불하지?"

"어라, 이거 물건이 이상하네. 새 걸로 어떻게 바꾸지?"

"어라, 바닥에 동전이 떨어져있네. 내가 가져도 될까."

05 환경

날짜   년   월   일   요일

|관련 교과| **3학년 과학** 동물의 생김새와 사는 곳   **5학년 과학** 생물과 환경

평균 수명도 채우지 못하는 동물원의 동물들 ★★★
좁은 공간에서 스트레스 및 질병에 시달려

　2024년 4월 서울대공원에서 슬픈 소식이 들려왔어요. 6살 호랑이 태백이가 우리 곁을 떠난 거예요. 2018년에 태어난 태백이는 작년 2월부터 조금씩 아파왔다고는 하지만, 호랑이의 평균수명이 15년이라는 사실을 생각해보면 _____㉠_____. 서울대공원에서는 최근 1년 사이에 태백이를 포함해 호랑이 3마리가 평균 수명을 채우지 못한 채 떠나갔어요.

　서울대공원 측은 호랑이 같은 맹수는 몸이 아파도 겉으로는 병색이 드러나지 않기 때문에 병을 발견하기가 쉽지 않았다고 말해요. 또한, 사나운 맹수의 특성상 검사와 치료가 매우 어렵다고도 하고요. 하지만 이번 일을 계기로 애초에 관리 시설이 부실한 우리나라로 동물들을 들여오지 말아야 한다는 말까지 나오고 있답니다. 우리나라는 살아있는 동물을 모아 우리에서 사육하면서 일반인에게 관람시키는 형태의 동물원이 대부분입니다. 그래서 드넓은 공간에서 자유롭게 뛰어다녀야 할 야생동물이 한정된 공간에서 갇혀 지내다 보니 스트레스가 높아졌다는 의견도 많습니다.

　이에 반해, 해외 여러 국가에서는 대규모 국립공원 또는 야생동물 보호구역을 지정해 멸종위기 동물들이 자유롭게 뛰놀며 지낼 수 있도록 하고 있어요. 울타리가 없는 사파리 형식으로 관람객들은 자동차와 같은 이동수단을 타고 동물들을 관찰하게 되죠. 대표적으로 미국 샌디에이고 동물원은 동물들이 원래 살고 있던 지역의 환경을 그대로 재현하여 마치 아프리카의 넓은 야생 초원에 와있는 기분을 느끼게 해줍니다. 2025년부터 사회성이 뛰어난 코끼리들을 위해 30~40마리씩 무리지어 초원을 돌아다닐 수 있도록 코끼리 계곡도 만들어 줄 예정이랍니다. 이처럼 찾아오는 관람객보다는 그곳에 사는 동물들을 위한 공간이 되도록 동물원 환경의 개선이 필요하다는 의견이 점점 많아지고 있어요.

어휘 풀이

병색 병든 사람의 얼굴빛. 병이 들었다는 신호.　**부실** 실하지 못하다. 몸이나 마음이 튼튼하지 못하고 약함.　**한정** 수량이나 범위가 정해져서 그것을 넘지 못함. (=제한)
멸종 생물의 한 종류가 아주 없어짐.　**재현** 원래 모습대로 다시 보여주거나 나타냄.
개선 (상황이나 환경을) 올바른 쪽으로 고친다.　**사회성** 서로 어울려 지내려고 하는 성질. 집단이나 사회 속에서 살아가려는 성질.

大 큰대　規 법규　模 본뜰모

규모(規模)란 어떤 물건이나 모습의 크기나 양의 정도를 나타내는 말이에요. '이 건물 규모가 크다'와 같이 눈앞에 보이는 시설의 크기를 나타낼 때 주로 쓰죠. 여기에 대(大)가 붙었으니 당연히 '규모가 큰'이란 뜻이 되었습니다. 이와 같이 대(大)가 붙으면 모두 크거나 많아진답니다.

- 서울대공원: 공원인데 크기가 커서 대공원.
- 대가족: 가족인데 사람이 많아서 대가족.
- 대기업: 회사인데 크기가 크고, 사람들이 많이 다녀서 대기업.

내용 확인

1. 위 글에 나와있지 <u>않은</u> 내용은 무엇일까요?

① 호랑이의 평균 수명
② 호랑이의 건강을 미리 파악하는 방법
③ 우리나라 동물원의 관람 형식
④ 샌디에이고 동물원의 특징
⑤ 샌디에이고 동물원에서 코끼리 계곡을 만드는 이유

2. 위 글의 내용과 같은 것은 O, 내용과 다른 것은 X 표시해보세요.

① 최근 서울대공원에서 세상을 떠난 호랑이 태백이는 15살이었다. (　　)
② 맹수의 특성상 사납기 때문에 아파도 검사하기가 어렵다. (　　)
③ 샌디에이고 동물원에는 코끼리들의 사회적 생활을 위한 코끼리 계곡이 있다. (　　)

3. ㉠에 들어갈 내용으로 알맞은 것은 무엇일까요?

| 너무 일찍 세상을 떠난 것이지요. | 너무 일찍 아팠답니다. 오래도록 | 행복하게 산 셈이랍니다. |

4. 위 글에서 우리나라 동물원과 해외의 다른 동물원들과의 차이는 무엇인지 줄로 이어보세요.

우리나라 동물원 · · 좁은 우리에서 키우면서 사람들이 편리하게 구경하도록 한다. · · 동물 중심의 동물원

해외의 동물원 · · 원래 살고 있던 지역의 드넓은 환경을 재현하여 그 안에 살게 한다. · · 관람객 중심의 동물원

HINT 예시로 나와있는 샌디에이고 동물원보다 서울대공원 동물원이 더 넓다는 사실을 알고 있나요? 전체 넓이로 보자면, 서울대공원 동물원이 2.5배 정도 넓은 것인데, 샌디에이고 동물원은 대부분의 공간이 동물 활동공간인 것에 비해 서울대공원 동물원은 사람들의 활동공간이 훨씬 넓은 것이 특징입니다.

5. 다음에 나오는 '대' 중 하나는 다른 뜻으로 사용되었어요. 무엇인지 골라보세요.

① 이 식당 진짜 시원하다. 저기 대형 에어컨이 있어서 그런가보다.
② 싫어, 이번엔 내가 대장할 거야. 나도 좀 앞에서 해보자.
③ 할아버지가 대머리시라 저도 조금 걱정돼요.
④ 자, 둘을 최대한 탱탱하게 당겨주세요. 그래야 늘어지지 않습니다.
⑤ 이 연필은 왜 이렇게 싸게 파냐고요? 공장에서 대량으로 생산해서 그렇습니다.

6. 다음의 내용에 맞게 [보기]의 단어를 골라 빈칸에 넣어주세요.

① 밥을 이렇게 조금 먹기 때문에 몸이 [부실]한 것 아니겠니. 요새 어째 자주 아프더라니. 이제부터 밥도, 반찬도 열심히 먹거라.

② 한반도에 살았던 호랑이들은 이미 [멸종]되어 더 이상 찾아볼 수 없게 되었답니다.

③ 동물원은 아이들에게 풍부한 자연의 모습을 보여주는 교육적 효과도 있지만, 동물을 보호하는 효과도 있지요. 다만 지나치게 좁은 우리에 가둬놓거나 제대로 관리하지 못해 오히려 건강을 해치는 경우가 많아지기도 하니, 이에 대한 [개선]이 반드시 필요해요.

④ "이거 정말 거북선이에요? 우와, 실제 모습이 이랬다는 것이지요? 입에서 진짜 불이 나올 것만 같아요." 재령이는 박물관에 [재현]되어 있는 거북선의 모습을 보고 깜짝 놀랐어요.

| [보기] | 병색 | 부실 | 멸종 | 한정 | 개선 | 재현 |

좁쌀 한 톨

옛날 어느 마을에 마음씨 곱고 성실한 총각이 살았어요. 하지만 집이 가난해 가진 것이라곤 좁쌀 한 톨 뿐이었지요. 총각은 그 좁쌀을 들고 세상으로 나가 보기로 했습니다.

총각은 길가 주막에 들러 좁쌀을 주인에게 맡겼어요. 하지만, 다음날 주막 주인이 말했어요.

"쥐가 먹었지 뭐야. 미안하오."

"그럼 그 쥐를 주시오. 내 좁쌀을 먹었으니 책임을 져야지요."

그리하여 총각은 쥐를 데리고 길을 떠났습니다. 다음 주막에서 그 쥐는 그만 고양이에게 잡아먹혔어요.

그러자 총각은 주막 주인에게 또 말했지요.

"그럼 그 고양이를 주시오. 책임을 져야지요."

또 다음 주막에서는 개가 고양이를 물어 죽였고, 총각은 같은 방법으로 개를 얻었습니다. 이어서 다른 주막에서는 말이 개를 걷어차 죽였고, 총각은 말을 받았지요. 하지만 또 다른 주막에서는 황소가 말을 들이받아 죽였습니다.

"그럼 황소를 주시오. 황소가 내 말을 해쳤으니 이제 황소는 내 것이오."

그런데 마지막 주막에서는 주인이 그 황소를 정승댁에 팔아버렸다는 겁니다. 총각은 정승을 찾아가 따졌어요.

"대감님, 제 소를 돌려주시오."

정승은 말했습니다. "그 소는 이미 잡아먹었네."

그러자 총각이 태연히 말했어요. "그럼 그 고기를 먹은 사람을 주시오."

정승은 그 재치에 웃으며 말했답니다.

"허허, 대단한 청년이로구나. 그럼 내 딸을 주마."

그리하여 가난한 총각은 정승의 사위가 되었고, 지혜와 당당함으로 세상에서 이름난 부자가 되었답니다.

2주차

06 [문화] "책이요? 전 유튜브만 보는데요?" 33

07 [경제] 사람들이 제주도를 가지 않는 이유 37

08 [과학] 하늘에서 치킨이 내려와요! 41

09 [사회] 고령 운전자의 운전면허를 빼앗아야 하나요? 44

10 [경제] 프랑스 파리 올림픽은 '가성비' 올림픽 48

06 문화

| 관련 교과 | 4학년 사회 사회 변화로 나타난 일상생활의 모습   5학년 도덕 정보 사회와 우리의 자세

"책이요? 전 유튜브만 보는데요?" ★★★★
성인 10명 중 6명, 1년에 책 한 권도 안 읽는다.

(가) 2023년 한국에서 팔린 책은 모두 1억 1천만 권이에요. 인구 5천만 명의 국가에서 이 정도면 많은 것 아니냐고요? 인구 6,900만 명의 영국의 도서 판매량은 무려 6억 7천만 권이랍니다. 그런 영국에서도 요즘 세대들이 책을 읽지 않는다는 우려가 커지고 있어요. 책에 익숙하지 않은 젊은 세대들을 중심으로 책을 아예 읽지 않는 사람들이 급속도로 늘어나고 있다는 거죠. 책을 대신할 수 있는 온갖 매체들이 등장하면서 책의 자리가 위협받고 있는 것이라고 할 수 있습니다. 물론 읽는 습관이 사라지는 문제에 관해서는 한국을 따라올 수 없지요.

(나) 한국의 성인 독서율은 이미 최저치를 기록하고 있어요. 문화체육관광부가 발표한 '2023 국민 독서실태조사'에 따르면 2023년 기준 성인 독서율은 43%로 성인 10명 중 4명만 책을 읽었어요. 나머지 6명은 책을 전혀 읽지 않았다는 것이고, 이는 직전 조사인 2021년과 비교하여 4.5% 감소한 것이며, 조사를 시작한 1994년 이래로 가장 낮은 수치래요. 영국의 독서율이 약 81%인 것을 생각해보면 한국은 심각한 상황이지요. 연령대별로 나눠보면 60세 이상 노년층의 독서율이 가장 떨어지고, 20대가 가장 높은 독서율을 보였어요. 아무래도 학생들이 많다보니 자연스레 책을 많이 보게 되는 것이지요. 조사에는 나오지 않지만, 어린이와 청소년들 역시 책을 많이 볼 것이라고 예상할 수 있어요. 하지만, 30대를 넘어 40대로 가게 되면 점점 ㉠_____.

(다) 그렇다면 왜 책을 읽을 수 없는 것일까요? 그 응답으로는 '일 때문에 시간이 없어서'(24.4%)라는 이유가 가장 많았고, '스마트폰이나 게임 등 책 이외의 매체를 이용해서'(23.4%)가 뒤따랐어요. 이어 '책 읽는 습관이 들지 않아서'(11.3%)가 3위를 차지했네요. 결국, 너무 바쁜 한국 사람들은 책 대신 스마트폰을 보다 보니 책 읽는 습관이 점점 사라지고 있다는 이야기였답니다.

어휘풀이

세대 같은 시대를 살면서 비슷한 생각을 가지는 비슷한 연령층의 사람들 전체.   **%** '퍼센트'라고 읽고 백분율을 나타내요. 즉, 100분의 몇의 비율. 43%라는 말은 100명 중 43명이라는 뜻이에요.   **매체** 어떤 정보나 소식을 한쪽에서 다른 쪽으로 전달하는 물체 혹은 수단. 대표적인 매체로는 책, 신문, 영화, TV, 유튜브, SNS 등이 있어요.   **위협** 겁주며 협박하다.   **실태** 현재 있는 그대로의 상태 혹은 모양

최저는 말 그대로 '가장 낮은'이란 뜻이지요. 여기서 '최'는 가장/제일/으뜸 뭐 이런 뜻을 가지고 있기 때문에 다양한 형태로 사용돼요. 혹시 '최애'(最愛)라는 말을 들어보았나요? "내 최애 캐릭터는 쿠로미야."라는 식으로 말할 수 있죠. 가장 사랑하고, 좋아한다는 뜻이 돼요. '가장 형편없는'이란 뜻의 최악(最惡)이란 단어도 있지요. '코딱지 책상에 붙이는 그 행동, 최악이었어.'와 같이 말이에요. 그리고 '최'는 그 반대말 만들기도 쉬워요. 최악과 최선, 최고와 최저, 최대와 최소, 이렇게 말이죠.

1. 위 글의 내용과 같은 것은 ○, 내용과 다른 것은 X 표시해보세요.

① 영국에서는 우리나라보다 훨씬 많은 책이 팔렸어요. (   )
② 영국 사람들은 요즘 세대들이 책을 읽지 않는다고 걱정해요. (   )
③ 한국인 성인 독서율은 시간이 갈수록 떨어지고 있어요. (   )

2. 위 글에 나와있지 <u>않은</u> 내용은 무엇일까요?

① 2023년 한국의 도서 판매량
② 2023년 한국의 성인 독서율
③ 2021년 한국의 성인 독서율
④ 한국 사람들이 책을 읽을 수 없는 이유 4위
⑤ 한국에서 가장 독서율이 높은 연령대

3. ㉠에 들어갈 내용으로 알맞은 것에 동그라미 쳐보세요.

| 책을 더 많이 사게 돼요. | 책을 멀리하게 돼요. | 독서율이 높아지는 경향을 보여요. |

4. (가), (나), (다) 내용을 정리해보았어요. 빈칸에 알맞은 단어를 넣어 보세요.

(가)	한국에 비해 6배에 가까운 도서 판매량을 가진 영국에서조차 요즘 세대들이 책을 읽지 않는다는 우려가 커지고 있답니다. 책을 대신하는 ㅁㅊ 들이 늘어나면서 책을 읽는 습관이 사라지고 있는 것이지요.
(나)	한국의 성인 독서율은 조사를 거치면서 계속 떨어지고 있어요. 20대가 가장 높은 독서율을 보이는 반면, 30-40대를 넘어 60대로 가면서 독서율이 점점 떨어집니다.
(다)	책을 볼 수 없는 이유로는 '시간이 없어서', '스마트폰이나 다른 매체를 이용해서', '책을 읽는 ㅅㄱ 이 들지 않아서'가 뽑혔습니다.

5. '최저'에서 최(最)는 '가장'이란 뜻입니다. [보기]에서 골라 빈칸에 어울리는 단어를 넣어주세요.

[보기] 최악 나쁜 최소 작은 최초 처음 최상 좋은 최강 강한 최약 약한 최대 큰 최장 긴

①	2024년 관측된 서울 지역의 열대야 연속 일수는 34일로, 그 이전 가장 길었던 기록인 2018년의 26일을 깨고, _____ 열대야 기록을 세웠다.
②	_____ 의 고추장 떡볶이는 1953년 마복림 할머니가 신당동 공터에서 팔기 시작하면서 처음으로 사람들에게 알려졌다. 그 이전의 떡볶이는 간장으로 졸인 간장 떡볶이였다.
③	의사들은 초등학생의 경우 _____ 10시간, 평균적으로 11시간, 많으면 12시간 정도의 수면 시간이 필요하다고 주장한다. 적절한 수면만이 뇌신경 회로의 휴식을 제공해줄 수 있기 때문이다.

6. 책을 많이 읽게 하는 방법에 대해 가장 좋은 생각을 말한 친구의 얼굴에 동그라미 쳐보세요.

HINT (다)를 다시 읽어 보면 도움이 되어요.

"일 때문에 시간이 없다고 하니, 엄마, 아빠 모두 회사 그만두도록 하세요. 우리 다 같이 모여서 하루 종일 책 읽어요."

"책 대신 스마트폰을 본다고? 그럼, 책도 스마트폰으로 보면 안 돼? 전자책을 읽을 수 있는 전자도서관을 홍보하자."

"어려서부터 책과 친해질 수 있도록 어린이날, 크리스마스, 생일 선물은 무조건 책으로 하는 전통을 만들자."

|관련 교과| 4학년 사회 경제 활동과 합리적 선택   5학년 사회 합리적인 선택과 지속 가능한 경제

사람들이 제주도를 가지 않는 이유 ★★★★
비싼 물가에 제주도보다는 일본으로 몰려

　(가) 최근 제주도가 '가격 바가지'로 논란에 놓인 가운데 제주를 찾은 내국인이 급격히 줄어든 것으로 나타났어요. 제주관광협회에 따르면 2024년 제주를 방문한 한국인 관광객은 약 1187만 명으로 전년 대비 약 6.4%나 줄었답니다. 역시 가장 큰 문제는 바가지요금이에요. 제주관광공사가 발표한 '2023 내국인 제주 방문관광객 실태조사' 결과를 보면 응답자 절반이 제주 여행 불만족 사항으로 '비싼 물가'를 꼽았어요.

　(나) 비싼 숙박료와 식비, 자동차 빌리는 비용 등을 감안하면, 오히려 비행기를 타고 가는 일본이 더 쌀 수도 있대요. 실제로 일본 여행객의 수는 크게 늘고 있어요. 2024년 한 해 동안 무려 약 881만 명의 한국인이 일본을 찾아가서 역대 최고치를 기록했다고 해요. 최근 몇 년 사이 물가가 많이 오른 제주도에 비해 일본의 물가가 더 싸게 느껴진 것이지요. 앞으로 이렇게 가다가는 제주도보다 일본을 더 많이 가는 날이 올지도 모르겠어요.

　(다) 하지만, 제주도의 바가지요금이 자연스럽게 관광객의 분산을 가져온 것이라는 의견도 있어요. 제주도에 오던 관광객들이 물가가 싸다고 여겨지는 강원도나 일본, 혹은 동남아로 흩어지는 효과가 나타났다는 것이지요. 물론 이런 흐름이 계속되다보면 강원도의 물가도 올라갈 가능성이 ㉠_____. 인기가 올라가면 상인들도 슬슬 요금을 올리거든요. 그렇지만 제주도만큼 올리다간 또다시 사람들이 _____㉡. 그때쯤 되면 제주도의 물가가 싸다고 느껴질지도 모르겠어요. 제주도 상인들도 사람들을 불러 모으기 위해 가격을 내릴 수 있거든요.

어휘풀이

바가지요금 평소 가격보다 훨씬 비싸게 파는 가격. 손님에게 가격을 속여 비싸게 팔다. → 바가지를 씌우다.　**물가** 물건의 가격.　**분산** 원래는 하나였던 것이 갈라져 (뿔뿔이)흩어짐. 혹은 흩어진 상태.　**감안** 여러 사정을 참고하여 생각함.

不 아닐 불/부　**滿** 가득찰 만　**足** 발 족

원래는 만족이란 단어가 먼저 있었어요. '만족하다'는 말은 모자람이 없이 충분하고 넉넉하게 마음에 든다는 뜻이지요. '가득 차 있다'는 만(滿)과 '넉넉하다'는 의미의 족(足)은 이미 뜻만으로도 무엇인가 풍족한 느낌을 주죠. (재밌게도 여기서 족(足)은 발이 아니라 '충분하다'는 뜻입니다.) 그런데, 여기에 '아니'라고 말하는 부(不)가 붙은 것이니 '만족스럽지 않다.'는 뜻이 됩니다.

- 만(滿) – "버스에 사람이 가득 차서 만원(滿員)입니다."
  　　　　 "우리 모두의 뜻이 일치했으니, 만장일치(滿場一致)입니다."
- 족(足) – 풍족 / 충족 / 흡족 / 자급자족

1. 위 글에 나와있지 <u>않은</u> 내용은 무엇일까요?

① 2024년 한 해 동안 일본에 놀러 간 한국인들의 수
② 2024년 제주도에 방문한 한국인 관광객의 수
③ 제주도 여행자의 불만족 사항 1위
④ 비싼 물가로 인해 생기는 관광객 분산 효과
⑤ 제주도를 대신한 강원도의 유명 관광지

2. 위 글의 중심 내용으로 알맞은 것에 동그라미 하세요.

제주도 관광의 과거와 미래	휴가지 바가지 요금의 실체와 대책	비싸진 물가가 제주도에 미친 영향	제주도의 인기 있는 대형 카페

3. 어려운 문제 ㉠과 ㉡에 들어갈 내용으로 바르게 짝지어진 것은 무엇일까요?

① ㉠높아요 – ㉡떠나갈 거예요.   ② ㉠낮아요 – ㉡떠나갈 거예요.   ③ ㉠낮아요 – ㉡분산될 거예요.
④ ㉠커요 – ㉡몰려올 거예요.   ⑤ ㉠작아요 – ㉡몰려올 거예요.

4. (가), (나), (다) 내용을 정리해보았어요. 빈칸에 알맞은 단어를 넣어 보세요.

(가)	제주도의 관광객은 작년에 비해 줄어들었고, 그 대표적인 이유로 ㅂㄱㅈ 요금이 꼽히고 있어요.
(나)	숙박료나 식비, 자동차 빌리는 비용이 워낙 비싸다보니 비행기를 좀 더 오래 타더라도 일본에 가는 것이 더 싸다고 생각하는 사람들이 늘었어요. 실제로 매년 일본에 찾아가는 사람들의 숫자는 늘어나고 있어요.
(다)	비싸진 제주도의 물가 때문에 관광객이 ㅂㅅ 되는 것이 오히려 자연스러운 일이라는 시선도 있어요. 더 싼 강원도나 일본을 갔더라도, 또다시 그곳의 물가가 올라간다면 사람들이 제주도 떠나듯 또 떠날 수 있다는 것이지요. 그때 되면 제주도의 물가가 싸질지도 몰라요.

5. 다음은 서로 반대의 뜻을 지닌 낱말입니다. 빈칸을 알맞게 채우세요.

찾아오다 ↔ ☐ ☐ 가다

비싸다 ↔ ☐ 다

줄어들다 ↔ ☐ 나다

6. 불(不)은 '부'로 읽기도 하며, '~이 아니다.'는 뜻을 가져요. 각각의 낱말을 넣었을 때 어울리는 이야기를 이어보세요.

불가능 (不可能) •   • 화음 선생님은 역시 대단해요. 그렇다면 이번엔 코로 풍선 불어주세요.
　　　　　　　　　　쌤　미안해 화음아. 그건 _____해.

불안 (不安) •   • 쌤　역시 건호는 밥 잘 먹는 먹보라니까. 밥이 모자란 것은 아니니, 건호야?
　　　　　　　　　　건호 많이 모자라요. 밥이 _____하다고요!

부족 (不足) •   • 쌤　오늘 대회 준비는 잘 됐니, 유주야?
　　　　　　　　　　유주　너무 긴장되고 _____해서 잠을 하나도 못 잤어요 선생님.

HINT 앞에 불(不)이 붙어있으니 각각 가능하지 않다 / 안정적이지 않다 / 충분하지 않다, 이런 뜻이 돼요.

바가지요금은 왜 생길까요?

우리는 평소보다 비싼 요금을 바가지요금이라고 부르지만, 경제학을 공부하는 학자들은 '원래 정해진 가격'이란 것은 없다고 말해요. 어떤 물건이란 때에 따라 싸기도 하고 비싸기도 하다는 것이지요. 마치 인터넷에서 쇼핑을 하는 것과 백화점에서 쇼핑을 할 때 같은 물건이라도 가격의 차이가 나는 것처럼 말이지요. 백화점은 건물도 크고 빛도 번쩍번쩍 하고, 안에서 일하는 사람들도 많고 추운 날씨에도 따뜻해요. 그러다보니 백화점을 운영하는 데에 돈이 많이 들어가고 당연히 물건 가격을 올려서 받는 것이지요. 마찬가지로 대부분의 관광지는 1년 내내 장사를 할 수 없어요. 날씨 좋은 봄이나 바닷가를 찾는 여름 정도겠지요. 그런 계절조차도 평일에는 사람이 없어요. 결국 장사를 하는 사람들도 사람들이 몰리는 그때에 벌어놓자는 생각을 하게 되겠지요.

08 과학

| 관련 교과 | 4학년 사회 정보화 사회와 첨단 기술의 발달　5학년 실과 생활 속 정보 통신 기술의 활용

하늘에서 치킨이 내려와요! ★★★★
섬에서도 드론으로 배달 음식 받는다.

　(가) 섬 지역에 살면 불편한 점이 한두 가지가 아니랍니다. 대중교통이나 자가용을 이용하여 어디든 갈 수 있는 육지와 달리 섬은 배를 이용하여 드나들어야 하기 때문에 정해진 운항 시간에 맞춰 움직여야 합니다. 그래서 섬 지역은 육지와 달리 배달 음식 서비스를 ___㉠___ . 그런데, 2024년 8월부터 전국 32개 섬 지역과 17개 공원 등에 드론을 활용한 물품 배송 서비스가 시작되었어요. 지역 드론 배송 서비스가 처음으로 도입되면서 이제 섬 주민들도 편리하게 음식을 주문하고 택배를 받을 수 있게 되었어요.

　(나) 국토교통부는 전남 여수 금오도/송도, 인천 덕적도/소야도, 제주 가파도/마라도를 비롯한 32개 섬 지역 등에 'K-드론 배송' 서비스를 시작했다고 밝혔어요. 경기 포천 산정호수, 성남 탄천, 충남 공주 휴양림과 같은 17개 공원 지역에서도 드론 배송을 해요. 예를 들어 대한민국 최남단 마라도 주민이 배달 앱으로 치킨을 주문하면 드론배송센터에서 치킨을 실은 드론이 곧바로 출동합니다. 마라도 바로 위 가파도에는 치킨과 팥빙수, 냉면까지 배달이 되고 있어요.

　(다) 배송 품목은 지역에 따라 치킨, 자장면, 피자 등 3kg 이내 배달 음식, 각종 생필품 등이에요. 제주도에선 일반 택배처럼 휴대전화도 배송 받을 수 있어요. 일부 섬 지역은 지역 주민이 생산한 수산물을 육지로 배송하는 데도 이용될 예정입니다. 배송을 원하는 사용자들은 휴대전화 앱을 통해 드론 배송을 신청하면 돼요. 주문자들은 시간에 맞춰 각 지역에 지정된 드론 배달 지점으로 가서 물품을 받습니다. 배송비는 육지에서와 비슷하게 거리에 따라 3,000원에서 5,000원이랍니다. 단, 섬 배송의 경우 주 2~3회 저녁 시간대에만 제한적으로 운용하고, 또한 기상 상황이 좋지 못할 경우 드론이 뜨지 못할 수도 있다고 해요.

어휘 풀이

운항 배나 비행기가 정해진 길이나 목적지를 오고 감.　**도입** 기술이나 방법을 새롭게 끌어 들임.
배달 앱 스마트폰에 깔려있는 프로그램 중에서 음식을 배달하기 위해 사용하는 프로그램.
생필품 생활하는 데에 있어 반드시 필요한 물품들　**제한적** (할 수 없는)한계가 있.　**운용** 무엇을 움직이게 하거나 사용함.

運 옮길 운 | 航 배 항

운항이란 말 그대로 '배를 옮기다'라는 뜻이지요. '운(運)'은 예전에는 '무엇을 나르다'의 의미가 강했지만, 자동차가 일상화된 지금은 '운전하다'의 의미로 더 많이 사용되어요. 〈배를 운전하다 = 운항하다〉 이렇게요.

원래 운(運)은 수레를 끌고 가는 군대의 행진 모습을 나타낸 한자예요. '(수레)를 옮기다/끌고 가다'가 그래서 첫 번째 뜻이 된 거죠. 그런데 그 수레는 스스로 움직이는 것이 아니라 군대의 행진 방향에 따라 끌려가는 것이니, 수레는 모든 것을 운(運)에 맡기게 됩니다. 맞아요, 여기서 말하는 운(運)은 '운이 좋다'라고 말할 때 바로 그 운입니다. 인간의 힘으로는 어쩔 수 없는 흐름 = 운

옮기다   하늘이 정해준 운

1. 위 글에 나와있지 <u>않은</u> 내용은 무엇인가요?

① 섬이 육지와 달리 불편한 점
② 드론을 활용한 물품 배송 서비스가 도입되는 곳
③ 드론으로 배송이 가능한 품목과 그렇지 못한 품목
④ 드론 배송을 신청하는 방법과 가격
⑤ 드론 배송을 운영하는 회사

2. ㉠에 들어갈 표현으로 가장 어울리지 <u>않은</u> 것은 무엇일까요?

① 상상만 할 뿐이었어요.   ② 상상도 할 수 없었지요.   ③ 사랑할 수밖에 없었어요.
④ 꿈도 꾸지 못했어요.   ⑤ 시도조차 하지 못했어요.

3. 드론 배송 서비스로 받을 수 <u>없는</u> 물품은 무엇인가요?

① 새로 출시된 최신 스마트폰   ② 치킨과 피자를 반반 섞은 '피킨'   ③ 여름철 별미 콩국수
④ 사람과 대화가 가능한 냉장고 ⑤ 망고가 산처럼 쌓여있는 망고빙수

4. 섬 지역에 드론 배송 서비스가 도입되더라도 여전히 불편한 점이 남아있다고 해요. 이에 대해 올바르게 지적하지 <u>못한</u> 친구의 얼굴에 동그라미 쳐보세요.

"배송비가 너무 비싸. 섬에 살고 있으니 배송비는 무료로 해 줘!"

"날씨가 안 좋으면 배송이 아예 불가능해. 이건 너무 불편해."

"난 매일 주문해서 먹고 싶은데, 주 2~3회라니!"

어휘 쑥쑥쑥

5. 빈칸에 알맞은 단어를 [보기]에서 찾아 채워 넣으세요.

물품 배송에 불편함을 겪던 섬 주민들에게 드론 배송 서비스가 ☐☐ 되면서 음식 배달이나 택배 배송이 간편해졌다. 간단한 음식이나 ☐☐☐ 중심으로 배송을 시작하였고, 기상 상황이나 운행 조건에 따라 배송이 불가능할 수도 있다.

[보기]   운항   도입   사치품   배송   생필품   자가용

6. 다음의 친구들 중 '운(運)'을 다른 친구들과 <u>다르게</u> 사용한 사람 <u>두</u> 명을 찾아보세요.

① 화음: 할아버지, 오늘도 안전 운행(運行)하셔요!
② 하린: 내일 우리 무슨 운동(運動)할까? 피구할까?
③ 시연: 난 운명(運命)을 믿지 않아. 운명(運命)의 짝꿍 이런 건 다 거짓말이야.
④ 솔: 이거 우리 반 급식으로 나갈 건데, 운반(運搬) 좀 해줄래?
⑤ 하윤: 아싸, 네잎클로버. 행운(幸運)의 상징!

09 사회

|관련 교과| 3학년 사회 가족의 모습과 역할 변화   5학년 도덕 함께 사는 우리

고령 운전자의 운전면허를 빼앗아야 하나요? ★★★☆
작년 교통사고 중 20%는 65세 이상 운전자

　(가) 2024년 7월 발생한 시청역 교통사고로 9명이 목숨을 잃은 가운데, 고령 운전자의 면허 자격에 대해 논란이 일어났어요. 68세 남성이었던 운전자가 가속페달과 브레이크를 헷갈리면서 멈춰야 할 순간에 오히려 가속한 것으로 밝혀졌거든요. 실제로 최근 고령 운전자 사고는 빠르게 ㉠_____. 지난해에는 전체 교통사고 20만 건 중 고령 운전자의 사고가 20%를 차지했고, 사망사고의 경우 30%가 고령 운전자에 의해 일어나고 있습니다. 고령 운전자가 늘어남에 따라 자연히 고령 운전자의 교통사고 역시 늘어나고 있는 상황이에요.

　(나) 그러다 보니 고령 운전자에 대한 면허 자격을 엄격히 검사해야 한다는 목소리 또한 늘어나고 있어요. 시민의 안전을 위해서는 고령 운전자의 운전능력 검사를 더 자주 하거나, 야간 운전이나 고속도로 운전을 못하도록 해야 한다는 의견도 있답니다. 반면, 이에 반대하는 목소리도 적지 않아요. 고령 운전자의 면허 자격을 강화할 경우 일상생활에 있어 큰 불편함을 가져올 수 있거든요. 예를 들어 대중교통이 발달하지 못한 곳의 경우, 마트나 병원에 가기 위해서 방법이 마땅치 않기 때문이에요. 더군다나 현재 서울의 택시운전사의 평균 연령이 65세라는 점을 감안하면, 운전을 못하게 막을 경우 택시운전사의 생계마저 어렵게 됩니다.

　(다) 한편으로 일본과 같이 기술적인 해결책이 필요하다는 지적도 나오고 있어요. 일본의 경우, 75세 이상 고령 운전자는 자동 브레이크 기능(AEB)이 있는 자동차만을 운전할 수 있답니다. 차량의 앞과 뒤에 장애물이나 차량이 있을 경우, 갑자기 가속페달을 밟더라도 이것이 잘못된 동작이라고 판단하여 엔진을 멈춰주는 방식입니다. 그리고 2028년부터는 일본에서 새로 출시된 모든 자동차에 의무화됩니다. 한국에서는 앞에 장애물이 있으면 가속 페달을 밟더라도 시속이 8km를 넘지 못하도록 하는 장치를 달아야 한다는 주장도 나오고 있어요.

> **어휘 풀이**
> **가속** 속도를 더함. 가속 페달은 흔히 악셀(accelerator)이라고 부르죠. 자동차에는 달리는 페달과 멈추는 페달, 2개가 있어요.　**자격** 어떤 일을 할 수 있는 신분이나 지위. 여기서 '면허 자격'이라고 하면, '면허를 가질 수 있는 능력'으로 보면 돼요.　**감안** 여러 사정을 참고하여 생각함. (=고려하여/참고하여/생각하여)　**생계** 먹고 사는 것에 관한 계획　**출시** 상품이 시장에 새로 나옴.　**의무화** 반드시 해야 하는 의무로 만듦.

글자 그대로 '나이가 많다'는 뜻이지요. 고(高)는 '높다/크다/많다'는 의미로서, 우리 주변에서 정말 자주 볼 수 있는 단어이지요. 고속도로는 높은 속도로 달릴 수 있는 도로이고요, 고혈압은 혈압이 높다는 뜻이고요, 고열은 열이 높다는 뜻이지요. 고액은 큰돈이고요, 고가의 귀중품에서는 높은 가격이고요, 고급은 급이 높다는 뜻이지요. 아참, 그리고 고(高)의 반대말은 저(低)라는 사실도 앞에서 배웠지요?

내용 확인

1. ㉠에 들어갈 내용으로 알맞은 것은 무엇일까요?

① 줄어들고 있어요. ② 늘어나고 있어요. ③ 퍼져나가고 있어요.
④ 망설이고 있어요. ⑤ 주춤거리고 있어요.

2. (가), (나), (다)의 내용을 정리해보았어요. 빈칸에 알맞은 단어를 넣어 보세요.

(가)	시청역 역주행 교통사고가 고령 남성의 페달 조작 실수로 발생했다는 사실이 밝혀진 가운데, 고령 운전자의 증가에 따라 고령 운전자의 교통사고 역시 빠르게 늘어나고 있답니다.
(나)	그러다 보니, 고령 운전자의 면허 ㅈㄱ 을 엄격히 해야 한다는 의견과 그럴 경우 불편함이 너무 크다는 의견이 대립하고 있어요. 생활상의 필요로 운전을 해야 할 경우가 많기 때문이에요.
(다)	한편, 일본은 자동 브레이크 기능이 있는 자동차를 ㅇㅁㅎ 하여 고령 운전자의 사고를 기술적으로 줄이려는 노력을 하고 있어요.

3. 일본은 75세 고령 운전자의 경우, 자동 브레이크 기능이 있는 자동차만 운전이 가능하다고 해요. 자동 브레이크 기능이 작동되는 과정을 올바르게 이어보세요.

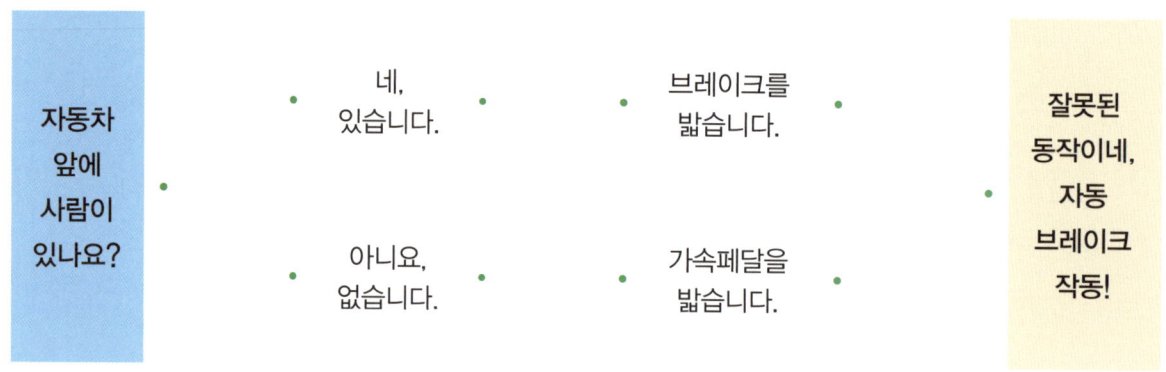

4. 위 글에 나와있지 않은 내용은 무엇인가요?

① 지난 7월 발생한 시청역 역주행 사고의 원인
② 지난해 전체 교통사고 중 고령 운전자 사고의 비율
③ 고령 운전자 면허 반납에 따른 혜택
④ 고령 운전자 면허를 제한할 경우 생기는 문제점들
⑤ 고령 운전자 사고에 대해 일본이 도입한 기술적 해결책들

5. 다음에 사용된 '고' 중에서 '높다'는 의미의 '고(高)'가 아닌 것은 무엇일까요?

① 오늘따라 고속도로가 한산하네. 날씨가 좋지 않으니 다들 집에만 있나 봐.
② 안녕하세요, 선생님. 저희 하윤이가 오늘 아침부터 고열이 나고 있습니다. 그래서 하루 결석하겠습니다.
③ 하루야, 넌 내가 골탕 먹는 게 그렇게 고소하니?
④ 재령아, 아무리 생일이라고 해도 이런 고가의 선물을 받을 수는 없어.
⑤ 정말 맛있네, 고급 한우 소고기라더니 입에서 살살 녹는구나.

6. 다음 낱말의 뜻으로 알맞은 것을 선으로 이어 보세요.

면허 • • 먹고 사는 일 혹은 먹고 살기 위한 방법.
"□□를 위해 어떤 일을 하시나요?"

출시 • • 어떤 한도를 두어 그 이상을 넘지 못하게 막음.
"여기서부터 입장이 □□됩니다."

생계 • • 운전을 하려면 당연히 이것이 있어야 하지요.
특별한 행동을 하기 위한 허가. "□□증 좀 주시겠습니까?"

제한 • • 새로운 스마트폰이 나왔을 때 이 말을 쓴다고?
"동시통역 스마트폰, 드디어 □□"

세상에 노인들이 점점 늘어나고 있어요.

정확히 말하면 노인들이 늘어나는 게 아니라 태어나는 아이들이 줄어들고 있는 것이에요. 대한민국의 합계출생률, 즉 한 명의 여성이 낳는 아이의 숫자는 0.75명(2024년)에 불과해요. 심지어 서울은 0.58명으로 전 세계 도시 중에서도 꼴찌예요. 아이를 낳지 않거나 아예 결혼을 하지 않은 사람이 정말 많은 거예요. 이렇게 1명도 낳지 않다 보니 점점 인구가 줄어들고 있는 반면, 병을 치료할 수 있는 기술이 점점 좋아지면서 노인들은 점점 더 오래 건강히 살 수 있게 되었어요. 아이들을 위한 초등학교는 점차 사라지고, 노인들을 위한 요양원은 계속 늘어나고 있어요.

하지만, 오래 산다고 직업을 오래 가지고 있는 것은 아니에요. 그러다 보니 나이가 들어 아무 일을 할 수 없게 되면 결국 누군가의 도움으로 살아야 해요. 밥도 먹고 옷도 사고 병원도 가야하고 전철을 타기도 해야 하니까요. 그 돈은 어디서 날까요? 슬프지만, 놀라운 사실 하나만 더 말하자면, 이 책을 읽고 있는 여러분도 모두 노인이 된답니다.

10 경제

날짜   년   월   일   요일

|관련 교과| 3학년 사회 날씨와 환경 보호   4학년 사회 경제 활동과 합리적 선택

프랑스 파리 올림픽은 '가성비' 올림픽 ★★★★

<u>　　　　　　　　㉠　　　　　　　　</u>

(가) 2024년 여름밤을 잠 못 들게 만들었던 파리 올림픽이 8월 11일 막을 내렸습니다. 세계 206개국의 선수들이 4년 동안 갈고 닦은 기량을 선보이며, 땀과 눈물로 경쟁하던 그 시간들은 세계인들을 감동시키기에 부족함이 없었어요. 이런 감동이 끝난 후, 개최국 프랑스는 바쁜 계산에 들어갔답니다. 이 행사를 통해 돈을 얼마나 벌었는지, 혹은 얼마나 잃었는지 확인하고 또 앞으로 어떤 식으로 이익을 얻을 수 있는지 계획을 세워야 했거든요.

(나) '가성비'란 말 들어보았나요? 가격 대비 성능이나 효과가 매우 좋다는 뜻이지요. 이번 올림픽이 바로 그런 '가성비 올림픽'이었답니다. 프랑스 정부는 이전의 올림픽들이 대개 적자로 끝난 경우가 많았다는 사실을 참고하여, 처음부터 경제적인 올림픽을 내세웠답니다. 돈을 아끼면서 최대한의 수익을 얻기 위해서 말이죠. 신문기사들에 따르면, 이번 올림픽에 들어간 비용은 약 82억 달러, 우리 돈으로 약 11조 수준이래요. 어마어마한 돈 같지만, 그 이전의 올림픽들이 150~200억 달러를 사용한 것에 비하면 정말 많이 아낀 셈이지요. 더군다나 국제올림픽위원회(IOC)가 예상한 파리 올림픽의 경제 효과는 120억 달러라고 하니, 꽤 괜찮은 장사를 한 셈입니다.

(다) 이렇게 돈을 아낄 수 있었던 가장 큰 이유는 새로 건물을 짓지 않았기 때문이에요. 보통 올림픽을 위해서는 각종 경기장을 새로 지어야 하지만, 프랑스는 단 한 곳만 지었을 뿐 기존에 있던 경기장을 재활용하면서, 돈을 많이 아낄 수 있었답니다. 올림픽만을 위해 만들어진 건물들은 그 이후에 사용 목적을 찾지 못하면서 애물단지로 전락하고, 관리를 위해 돈이 투입되면서 계속 손실을 만들어 낸 과거 개최국들의 사례를 타산지석으로 삼은 결정이라네요. 2018년에 한국의 평창에서 벌어졌던 동계올림픽 역시도 올림픽 이후에 경기장 활용 방안을 제대로 찾지 못해 계속 손실을 보고 있는 실정이랍니다.

어휘 풀이

적자(赤字) 번 돈보다 쓴 돈이 더 많은 상황. 한글로 풀어 말하면 '빨간 글씨'가 되는데, 이는 예전에 장부에 기록할 때 손해 본 부분을 빨간 글씨로 썼기 때문이에요.(=손실) **애물단지** 몹시 애를 태우거나 성가시게 구는 물건 혹은 사람. **타산지석** 풀이하면 '다른 산의 돌'이죠. 다른 산의 거칠고 볼품없는 돌이라고 하더라도 나에게 쓸모가 있을 수 있으니, 마찬가지로 다른 사람의 언행이나 행동조차 나에게 큰 도움이 될 수 있다는 뜻입니다.

내용 확인

1. 위 글의 내용과 같은 것은 ○, 내용과 다른 것은 X 표시해보세요.

   ① 올림픽은 개최만 하면 큰돈을 버는 행사예요. (　　　)
   ② 프랑스 올림픽은 쓴 돈이 82억 달러, 경제 효과는 120억 달러이니 흑자로 끝날 가능성이 커요. (　　　)
   ③ 평창 동계올림픽은 경기장 활용에 실패하여 꾸준히 손실을 보고 있어요. (　　　)

2. 깜박하고 소제목 ㉠을 적지 못했어요. 소제목은 큰 제목을 좀 더 자세하게 보여주는 문장을 담으면 된답니다. 이번 기사의 내용 모두 이해했지요? 왜 프랑스 올림픽이 가성비 올림픽이 되었는가에 대한 이야기예요. 빈칸을 채워서 소제목을 완성하세요.

   적자를 피하기 위해 새 건물 짓지 않고
   | ㅈ | ㅎ | ㅇ |

3. (가), (나), (다)의 내용을 정리해보았어요. 빈칸에 알맞은 단어를 넣어 보세요.

(가)	2024년 여름밤을 즐겁게 했던 올림픽이 끝나고 프랑스는 바쁜 ㄱ ㅅ 에 들어갔습니다. 이 행사를 통해 얼마를 벌고 얼마를 잃었는지 따져보아야 하거든요.
(나)	이전의 올림픽이 ㅈ ㅈ 로 끝난 경우가 많았다는 것을 고려하여 프랑스는 처음부터 경제적인 올림픽을 내세웠습니다. 올림픽에 들어간 비용이 82억 달러, 벌어들인 돈이 120억 달러라고 하니 좋은 장사를 한 셈이에요.
(다)	돈을 아낄 수 있었던 가장 큰 이유는 건물을 새로 짓지 않았기 때문이에요. 이는 그 전의 올림픽들이 새 건물을 지어놓고 올림픽 이후에 사용 목적을 찾지 못해 반복된 손실을 보았다는 사례를 참고했기 때문이에요.

4. 다음 낱말의 뜻으로 알맞은 것을 선으로 이어 보세요.

비 용 •   • 같은 목적에 대해 서로 이기거나 앞서려고 겨루는 일.
"이번 댄스 오디션은 1명이 남을 때까지 ☐☐ 이 계속됩니다."

손 실 •   • 손해를 보거나 잃어버림. 수익의 반대말.
"지난 동계올림픽은 아직도 ☐☐ 을 보고 있어."

경 쟁 •   • 어떤 일을 하는 데에 들어가는 돈.
"드럼 배우는 데 ☐☐ 이 얼마나 드나요?"

5. 위 글에 나온 낱말을 사용해 빈칸을 채워보세요.

화음 시연아, 이거 혹시 미키마우스 시계 아냐? 귀여운 걸?!

시연 응, 맞아. 아빠가 이번 생일에 사주셨어.

화음 너무 예쁘다. 이 버튼은 뭐야?

시연 아, 이거. 이 시계는 핸드폰이랑 연결되거든. 그래서 이렇게 누르면 전화도 받을 수 있고. 사진도 찍을 수 있어. 심지어, 이렇게 플래시도 켜진다!

화음 와, 이거 진짜 짱이다. 진~짜 비싸겠다.

시연 아냐, 아냐. 이거 만 원밖에 안 해. ㄱ ㅅ ㅂ 진짜 좋지 않아?

화음 나도 아빠한테 사달라고 해야지!

6. '다른 산의 돌'(他山之石)이라도 나에게 큰 가르침을 줄 수 있답니다. 우리가 다음의 이야기에서 타산지석(他山之石)으로 삼을 수 있는 교훈은 무엇일까요? 자신의 생각을 자유롭게 말해보세요.

화음이는 새로 산 나무 책상이 너무 맘에 들었어요. 지난번 백화점에 갔을 때 아빠한테 생일 선물로 사달라고 졸랐거든요. 평소 좋아하는 핑크색에 상처하나 없이 깨끗한 책상이 너무 맘에 들었어요. 서랍도 부드럽게 열리고 닫혀서 계속 열고 닫았어요. 어찌나 좋은지 괜히 앉아서 더 공부하고 싶었어요. 화음이는 기분이 무척 좋았답니다.

며칠 후, 화음이는 친구 시연이네 놀러갔어요. 시연이는 자기 방에서 같이 놀자며 문을 열었어요. 근데 거기에 화음이랑 똑같은 색깔의 책상이, 그것도 더 크고 넓은 책상이 있는 것이 아니겠어요.

"엄마가 공부 열심히 하라면서 새 책상 사주셨어. 어때, 좋지?"

"응, 좋다. 응… 진짜 좋네…."

화음이는 시연이랑 같이 놀면서도 기분이 그리 신나지 않았어요. 집에 돌아와서 다시 보니 자기 책상이 맘에 들지 않았어요. 며칠 전까지만 해도 세상에서 가장 예뻐 보이던 책상이 갑자기 미워 보이는 것이에요. 아빠가 무슨 일이 있냐며 물어보는데, 괜스레 아빠도 미워졌어요.

HINT 화음이의 태도를 타산지석으로 삼아 교훈을 얻어 볼까요? 책상은 그대로인데, 화음이의 기분만 바뀌었어요. 그렇다면 왜 화음이의 기분이 바뀌었을까요? 시연이의 새로운 책상과 자신의 책상을 비교하면서 기분이 언짢아진 거예요. 이렇듯, 남과 비교하는 일만으로도 사람이 변하는군요!

소가 된 게으름뱅이

옛날 옛적, 깊은 산골 마을에 세상에서 둘째가라면 서러울 만큼 게으른 총각이 살았답니다. 그는 하루 종일 누워 빈둥거리며 밥 먹는 일조차 귀찮아했지요. 부모님의 잔소리도 듣는 척만 했고, 농사일은 꿈에도 생각지 않았습니다.

어느 날, 산으로 일 나가는 사람들을 보던 총각이 투덜댔습니다. "아이고, 저렇게 일하는 게 세상에서 제일 힘들다. 차라리 소나 말처럼 일만 하고 살면 얼마나 편할꼬!"

그때 수염이 긴 도사가 나타나 말했습니다. "그 소원, 이루어 주지." 그러곤 마른 소가죽 가면 하나를 건네주었지요.

총각이 가면을 쓰자 '어흥!' 하는 소리와 함께 몸이 커지며 털북숭이 황소로 변했습니다. 그는 이제 편히 쉴 수 있을 거라 생각했지만, 어머니는 아들을 알아보지 못하고 그 소를 팔아버렸습니다.

게으른 총각은 힘센 농부에게 팔려가 하루 종일 밭을 갈고 짐을 나르며 혹독한 일을 하게 되었습니다.

마른 짚만 먹으며 그는 고생스러운 나날을 보냈습니다. "내가 어리석었구나. 진짜 편한 삶은 내가 스스로 일하는 삶이었는데…"

그러던 어느 겨울밤, 그는 주인 영감과 마님의 대화를 엿들었습니다. "정월 초하루에 무를 넣은 쇠고기국을 먹으면 다시 사람이 된다네."

그날이 되자 총각은 몰래 밭으로 달려가 얼어붙은 무를 힘껏 씹어 먹었습니다. 그러자 소가죽이 벗겨지며 다시 사람이 되었지요. 그 후 총각은 게으름을 버리고 세상에서 가장 부지런한 사람이 되었습니다.

좁쌀 한 톨도 허투루 쓰지 않으며 평생 성실히 살았답니다.

3주차

11 [환경] 이제 칫솔과 치약은 내가 직접 챙겨가요. 54

12 [경제] 팝업스토어가 끝나고 난 뒤 57

13 [문화] 전승취약종목을 찾아서 60

14 [과학] 비가 필요하다고요? 네, 금방 갑니다. 64

15 [환경] 내가 버린 그 옷은 어디로 갈까요? 67

11 환경

|관련 교과| **3학년 사회** 날씨와 환경 보호   **5학년 과학** 생물과 환경   **6학년 과학** 에너지와 생활

이제 칫솔과 치약은 내가 직접 챙겨가요. ★★★☆
자원재활용법에 따라 숙박업소에서 일회용품 무료 제공이 금지돼

　(가) '어메니티'(amenity)라는 단어를 들어보았나요? 원래 단어의 뜻은 '삶을 기분 좋게 만들어 주는 편의시설'이란 뜻이지만, 보통은 호텔의 객실에 손님용으로 놓여있는 샴푸, 로션, 치약, 칫솔, 면도기 등의 용품을 의미해요. 투숙객들이 여행 때 일일이 들고 다니기엔 작고 귀찮은 것들을 편하게 사용하라고 제공하는 것이죠. 그런데 '자원재활용법'에 따라 2024년 3월 29일부터는 객실이 50개 이상인 호텔 등의 숙박업소에서 일회용품 무료 제공이 안 돼요.

　(나) 숙박업소 내 일회용품 제공을 금지한 건 환경보호 때문이에요. 일회용품은 한 번 투숙객이 쓰고 나면 버려야 하거든요. 예를 들어 칫솔 같은 플라스틱은 썩기까지 100년 정도 걸려요. 샴푸와 로션이 담겼던 플라스틱 용기 역시 썩는 데에 너무 오래 걸릴뿐더러, 통 안에 들어있는 잔여물 때문에 쉽게 재활용되지 못하지요. 그렇기 때문에 작은 크기의 플라스틱은 대개 일반쓰레기로 분류되어 소각이나 매립돼요. 이런 폐기물이 소각될 때 발생되는 이산화탄소는 온실가스의 대부분을 차지하며 지구를 뜨겁게 만들어요. 매립을 하게 되더라도 플라스틱이 분해되면서 많은 양의 메탄가스가 발생하는데, 이 메탄가스는 이산화탄소보다 더욱 강력한 온실가스랍니다. 더군다나 플라스틱은 만들어질 때부터 많은 양의 화석연료를 사용하기 때문에 엄청난 온실가스와 함께 태어나게 돼요.

　(다) 그렇기 때문에 세계의 많은 국가들이 일회용품 사용을 ＿＿㉠＿＿. 물론, 그렇다고 호텔에서 어메니티가 모두 사라진 것은 아니에요. 일회용품을 여러 번 사용 가능한 다회용품 제품으로 바꾼 곳이 많거든요. 샴푸나 린스, 바디 워시와 같은 제품은 대용량 제품을 비치해놓고, 나머지 개인용품들 즉 칫솔이나 면도기와 같은 제품들만 챙겨오게 하는 것이지요. 번거롭긴 하겠지만 환경을 아끼고 보호하기 위해서는 앞으로도 일회용품은 쓰고 바로 버려진다는 사실을 잊지 말아야겠어요.

어휘풀이
숙박업소 돈을 받고 잠을 재워주는 곳.   **투숙객** 숙박업소에서 묵는 사람.   **잔여물** 남아있는 것.
이산화탄소 이것이 많아지면 사람들이 숨쉬기 어려워져요.   **온실가스** 태양의 빛과 열을 가두는 역할을 해요.
소각 불에 태워 없애버림.   **매립** 땅에 묻어 버림.   **메탄가스** 초식동물이 소화할 때 나오는 트림이나 방귀에 많아요.   **화석연료** 태울 수 있는 석탄이나 석유, 천연가스를 모두 화석연료라고 불러요.

 **오늘의 단어**

'회용'은 말 그대로 '몇 번 쓰다'란 뜻이니 2회용이라고 하면 두 번 쓸 수 있다는 뜻이겠지요. 그러므로 여러 번 쓸 수 있다는 뜻의 '다회용'이에요. 한국어에서 사용되는 한자로 '다'는 대개 '많을 다(多)'예요.

너무 많다 → 과다   정이 많다 → 다정   너무 급해 → 다급   양이 많아 → 다량
모양이 많아 → 다양   목적이 많아 → 다목적   민족이 많아 → 다민족   수가 많아 → 다수

 **내용 확인**

1. 자원재활용법에 관한 내용이 <u>아닌</u> 것은 무엇일까요?

① 객실이 10개 이상인 숙박업소에서 일회용품 제공을 금지하는 법이에요.
② 1회용 어메니티는 사라지고 다회용품으로 바뀌게 되었어요.
③ 환경을 파괴하는 플라스틱의 사용을 줄이기 위해서 만들어졌어요.
④ 호텔에 갈 때 칫솔은 스스로 챙겨가야 해요.
⑤ 2024년 3월 29일부터 적용되었어요.

2. 플라스틱이 소각 혹은 매립될 경우 생겨날 수 있는 결과를 <u>모두</u> 이어보세요.

・ 썩기까지 100년 정도 걸려요.

소 각 ・

・ 이산화탄소를 발생시켜서 지구를 뜨겁게 해요.

매 립 ・

・ 이산화탄소보다 강력한 메탄가스를 발생시켜요

3. ㉠에 들어갈 표현으로 맞지 않은 것은 무엇일까요?

① 막으려고 노력해요.   ② 제한하고 있어요.   ③ 점차 줄여나가고 있어요.
④ 권유하고 있어요.   ⑤ 심각하게 여기고 있어요.

4. (가), (나), (다) 내용을 정리해보았어요. 빈칸에 알맞은 단어를 넣어 보세요.

(가)	ㅈ ㅈ 에 따라 2024년 3월 29일부터 숙박업소에서 일회용 어메니티의 무료 제공이 금지돼요.
(나)	투숙객이 한 번 쓰고 버리는 플라스틱이 심각한 환경오염을 불러오기 때문이에요. 플라스틱은 처음에 만들어질 때부터 ㅎ ㅅ 를 사용하기 때문에 많은 양의 온실가스를 만들게 되는데, 이것을 소각하거나 매립할 때도 마찬가지로 온실가스가 발생돼요. 이산화탄소와 메탄가스 같은 온실가스는 지구를 점점 뜨겁게 만든답니다.
(다)	호텔들은 일회용 어메니티 대신 다회용품을 놓기 시작했고, 투숙객들은 칫솔이나 면도기 같은 개인 용품들을 챙겨 다니게 되었어요. 번거로운 일이지만, 환경보호를 위해서는 일회용품이 환경에 미치는 영향을 잊지 말아야겠어요

5. 아래 친구들 중 환경을 보호하는 행동을 하지 않은 친구를 찾아보세요.

"엄마랑 마트 갈 때 장바구니를 들고 가. 비닐봉지도 줄여야 하니까."

"난 물 마시기 위해 내 물통을 들고 다녀."

"안 입는 옷은 중고로 팔고 그 돈으로 새 옷을 사."

"난 가까운 거리는 그냥 걸어가. 아니면 자전거를 타거나."

12 경제

|관련 교과| 3학년 사회 날씨와 환경 보호 4학년 사회 경제 활동과 합리적 선택

팝업 스토어가 끝나고 난 뒤 ★★★☆
젠트리피케이션과 자원 낭비의 문제

 (가) '펑'하고 갑자기 튀어 오르는 모양을 영어로 'pop-up'(팝업)이라고 해요. '펑'과 '팝'이 왠지 비슷한 느낌이지요? 팝업 스토어라고 하면, 가게(스토어)를 장기간 임대하는 대신 단기간만 빌려서 운영하는 가게를 의미해요. 새로 나온 상표(브랜드)나 상품을 홍보하기 위해 잠시만 빌리는 것이기 때문에 ㉠ 뚝딱뚝딱 금세 '펑'하고 만들어내요. 대신, 많은 사람들이 와서 볼 수 있도록 흥미로운 공간으로 꾸미는 것이죠. 그러다 보니 팝업 스토어는 젊은 세대들에게 신선한 놀이 공간이자 이때 아니면 갈 수 없는 아주 특별한 가게인 셈이죠.

 (나) 서울의 성수동은 최근 우리나라에서 팝업 스토어로 가장 유명한 동네예요. 비어있는 공장이나 허름한 창고를 이용하여 새롭게 꾸민 팝업 스토어들이 소비자에게 즐거운 볼거리와 즐길 거리를 선사해요. 전국에서 놀러 온 사람들이 돈을 쓰면서 지역 경제에 크게 활기가 돌아요. ㉡_____ 이 현상은 한편으로 문제를 불러왔어요. 먼저 이곳에 팝업 스토어가 줄줄이 들어서면서 임대료가 치솟았고, 결국 기존의 가게는 대부분 문을 닫거나 다른 곳으로 옮겨갔어요. 이처럼 한 지역의 경제가 활성화되면서 땅값, 임대료 등이 크게 올라 기존 주민이 밀려나는 현상을 '젠트리피케이션(gentrification)'이라고 해요.

 (다) 일주일에서 한 달 주기로 생겨나고 사라지기를 반복하는 팝업 스토어는 쓰레기도 엄청나게 만들어내요. 환경부 자료에 따르면 성수동이 있는 성동구의 사업장 일반폐기물 하루 발생량은 2018년에 51.4톤이었지만 2022년에는 518.6톤으로 4년 사이에 무려 10배가 넘게 늘었어요. 넘쳐나는 쓰레기는 심각한 환경오염과 자원의 낭비로 이어져요. 또한 한 달 평균 90여개의 팝업스토어를 반복해서 짓고 부수며 발생하는 공사 소음은 이웃 주민의 생활에 큰 피해를 주기도 한답니다.

어휘 풀이
장기 긴 기간. 반대말은 단기(짧은 기간). **임대** 임대는 '빌리다'는 뜻이에요. 주인에게 빌리고 주인에게 주는 돈은 임대료예요. **경제에 활기가 돌아요** 활동적이고 활발한 모양새가 활기예요. 경제에 활기가 도는 것이니 돈을 많이 번다는 뜻이겠지요. **젠트리피케이션** 젠트리는 영국의 부유층(돈이 많은 사람들)을 뜻하는 말이에요. 풀어쓰면 '젠트리들이 사는 동네가 되다.'는 뜻이에요. 인기 있는 지역이 되니 부유층들이 와서 점차 살게 되고, 그들의 동네가 되었다는 것이죠.

長 길 장 | 短 짧을 단

길이를 비교할 때 자주 나오는 글자들이죠. '단'은 길이가 짧거나, 모자랄 때 쓰는 표현이라 간단해요. 물론, 장단점이란 단어에서는 '좋은 점과 나쁜 점'이란 뜻이 되기도 하지만 그 외에는 모두 '짧다'지요. 대신, '장(長)'은 뜻이 몇 가지 더 있답니다. '장(長)'은 원래 머리가 긴 할아버지가 지팡이를 짚고 있는 모양의 한자예요. 머리가 길기 때문에 '길다'는 뜻도 있지만, 그 후에 '나이가 많다', '우두머리', '자라다'란 뜻까지 만들어졌어요.

길다 머리가 긴 장발, 기간이 긴 장기, 오래 사는 장수, 긴 신발 장화
어른/우두머리 장남, 장녀, 교장 선생님, 대장, 반장, 사장, 회장, 선장

내용 확인

1. 팝업 스토어에 관한 설명으로 바르지 <u>않은</u> 것은 무엇일까요?

① 가게를 장기 임대하여 상표(브랜드)를 홍보하는 가게예요.
② 젊은 사람들에게 신선한 놀이 공간이자 아무 때나 갈 수 없는 특별한 가게예요.
③ 성수동은 서울에서 팝업 스토어가 많이 열리는 곳으로 유명한 동네죠.
④ 젠트리피케이션이 나타나면 기존에 있던 가게들은 다른 곳으로 쫓겨나게 돼요.
⑤ 일주일에서 한 달 주기로 나타났다 사라지곤 해요.

2. ㉠뚝딱뚝딱과 같은 방법으로 만들어진 표현이 <u>아닌</u> 것은 무엇일까요?

① 딸랑딸랑　　② 찰랑찰랑　　③ 와글와글
④ 번쩍번쩍　　⑤ 아삭아삭

HINT 뚝딱뚝딱은 망치질 하는 '소리'를 흉내낸 말이에요.

3. ⓒ에 들어갈 연결어로 맞지 않은 것은 무엇일까요?

① 그렇지만 ② 이와 달리 ③ 더군다나
④ 하지만 ⑤ 그럼에도

4. (가), (나), (다) 내용을 정리해보았어요. 빈칸에 알맞은 단어를 넣어 보세요.

(가)	팝업스토어는 상표나 상품을 홍보하기 위해 단기간을 임대하여 여는 가게예요. 짧은 시간동안 운영하기 때문에 젊은 사람들이 흥미를 느끼도록 재미있는 공간으로 만들어요.
(나)	성수동은 팝업스토어로 유명해진 동네예요. 팝업스토어를 보기 위해 수많은 사람들이 몰려들면서 ㅇ☐ 가 치솟았고, 기존의 가게나 주민들이 밀려나는 젠트리피케이션까지 발생하게 되었어요.
(다)	짧은 시간에 만들었다가 없애는 팝업스토어로 인해 쓰레기 역시 늘어나고 있어요. 뿐만 아니라 반복해서 짓고 부수는 공사가 매일같이 반복되기 때문에 시끄럽게 발생하는 공사 ㅅ☐ 은 이웃 주민들에게 큰 피해를 주기도 해요.

생각하기

5. 위 글을 읽고 생긴 질문으로 바르지 않은 것은 무엇일까요?

"젠트리피케이션이 큰 문제구나. 이걸 막는 방법이 없을까?"

"자원을 재활용하면서 팝업 스토어를 만들 수는 없을까?"

"지역 주민들의 피해를 줄일 수 있는 방법이 없을까?"

"사람이 오지 못하도록 막는 방법은 뭐 없을까?"

13 문화

|관련 교과| **3학년 사회** 시대마다 다른 삶의 모습   **5학년 사회** 삶의 터전을 가꾼 조상들의 지혜

전승취약종목을 찾아서 ★★★
멸종위기에 놓인 우리의 전통 기술 문화

(가) '멸종위기'라는 단어를 들어보았나요? 생물의 한 종류가 사라질 위기에 처해있다는 뜻이지요. 우리나라의 고유한 전통 중에서도 멸종위기에 놓여있는 것들이 있어요. 시대가 바뀌며 쓰임새가 없어졌거나, 기술 발달로 쓸모가 줄어든 경우죠. 이처럼 멸종위기에 놓인 전통 기술과 문화를 '전승취약종목'이라고 불러요. 2024년 9월 서울의 덕수궁 가장 깊은 곳에 자리한 돈덕전 1층 전시장에는 색다른 전통 물건들이 가득했어요. 전시회의 제목은 「시간을 잇는 손길」, 주인공은 전승취약종목의 전통 기술로 제작한 공예품들이에요.

(나) 전승취약종목이 어려움에 놓이게 된 가장 큰 원인은 수요의 감소예요. 무엇이든 편리하게 살 수 있는 시대에 굳이 불편한 옛 물건을 사서 쓰는 사람은 없거든요. 찾는 사람이 줄어들자, ㉠_____. 그러다 보니 오늘날에는 결국 기술을 물려받을 인원까지도 부족해졌죠. 국가유산청이 이번 전시를 마련한 것도 이 때문이에요. 이런 기술이 장인들에 의해 전승되고 있다는 사실을 일반인들에게 알리는 것이죠. 여기에 모인 작품들도 설 곳이 그만큼 좁아진 처지라서 이대로 시간이 흐른다면 우리 곁에서 영영 사라질지도 몰라요.

(다) 이곳에 전시 중인 공예품들은 '윤도'나 '바디', '백동연죽'처럼 이름마저 낯설어요. 윤도는 정중앙에 나침반을 붙인 둥그런 원판으로 방향과 시간을 알 수 있는 조선시대의 나침반인 셈이에요. 원판에는 방위와 시간 등을 아주 작은 글씨로 촘촘히 새겨놓았어요. 바디는 옷감을 짜는 베틀에서 실의 굵기를 결정하는 도구예요. 긴 빗처럼 생겼는데 대나무에 실을 촘촘하게 한 땀 한 땀 엮어놓은 것이 특징이에요. 백동연죽은 긴 빨대 모양의 담뱃대로서, 몸통은 대나무로 불이 붙는 곳과 입에 대는 곳은 하얀 금속으로 만들었어요. 그 금속이 백동인데 이것을 일일이 쳐서 정교한 모양을 만든다고 해요.

어휘 풀이

수요 그 물건을 사려는 사람들의 욕구나 마음   **전승** 문화나 풍습 등을 이어받아서 다음 세대에 물려주는 일.   **취약** 단단하지 못하고 물렁하고 약함.   **국가유산청** 문화재를 보존하고 관리, 연구하는 일을 맡아서 하는 정부 기관.   **베틀** 삼베나 무명과 같은 옷감을 짜는 나무 틀.   **장인** 예술작품을 만들듯 물건을 만드는 사람.   **담뱃대** 기다란 나무 빨대로서 담뱃가루를 넣고 불을 붙여 담배를 피는 도구.

'약(弱)'은 활이 풀어진 모양을 나타내는 한자예요. 원래는 아주 탱탱하게 줄이 감긴 활을 나타내는 '강(弱)'이란 글자가 먼저 있었는데 여기서 줄이 헐렁헐렁 느슨해졌다고 '약하다'가 된 것이죠. 반대말은 '강할/굳셀 강(强)'을 사용해요.

강약: 강하고 약함. 나약: 의지가 약함. 노약자: 늙거나 약한 사람.
허약: 힘이 약함. 연약: 물렁하고 약함. 약점: 약한 지점.
심약: 마음이 여리고 약하다. 쇠약: 힘이 줄어들어 약함. 병약: 병이 들어 약하다.
빈약: 형태가 부실하여 보잘것없음. 가난하고 힘이 없음.

1. 다음은 전승취약종목에 대한 설명이에요. 맞는 내용은 ○, 맞지 않은 내용은 X 표시해보세요.

① 전승취약종목이란 멸종위기에 놓인 전통 기술과 문화를 가리키는 말이에요. (   )
②「시간을 잇는 손길」전시회의 주인공은 전승취약종목의 장인들이에요. (   )
③ 사람들이 찾지 않게 되자 점차 사라지고 있는 기술들이에요. (   )
④ 비싼 가격으로 인해 일반 사람들은 좀처럼 구경하기 어려운 공예품들이에요. (   )

2. 어려운 문제 ㉠에 들어갈 내용으로 알맞은 것은 무엇일까요?

① 옛 물건들은 모두 박물관으로 옮겨졌어요.
② 길거리에 사람들도 사라졌어요.
③ 장인들의 수가 늘어나기 시작했어요.
④ 자연스레 만드는 사람들도 적어졌어요.
⑤ 국가의 지원도 점차 줄어들게 되었어요.

HINT 계속 줄어들고 있는 것은 무엇일까요?

3. 다음의 공예품과 이름을 줄로 연결하세요.

윤 도 •   •

바 디 •   •

백동연죽 •   •

4. 다음은 위 전체 내용을 요약한 글입니다. 빈칸에 알맞은 단어를 채워 넣으세요.

우리나라의 고유한 전통 중에서 멸종위기를 겪고 있는 기술과 문화를 ☐☐☐☐ 종목이라고 해요. 최근엔 전승취약 전통기술로 제작된 공예품들을 전시하는 전시회도 열렸어요. 이것들은 수요의 감소로 인해 위기에 처해있어요. 기술을 가꾸고 전승하는 ㅈㅇ 들이 있지만, 이를 이어받을 사람들은 없는 실정이에요. 전시회에서는 조선시대 ☐☐ 인 윤도, 베틀에서 옷감을 짤 때 사용하는 도구인 바디, 백동 금속과 대나무로 정교하게 만든 백동연죽 등이 전시되었어요.

5. 다음에 사용된 '약'의 의미가 다른 하나는 무엇일까요?

① 할아버지, 요즘 몸이 쇠약해지셔서 큰일이에요. 어서 힘을 내셔요.
② 마음이 심약하니 사람들 앞에서 춤 한번 추기 어렵구나.
③ 몸이 약한 것은 아닌데, 아침마다 목이 따가우니 감기약을 먹어야겠구나.
④ 내 약점은 내가 잘 알고 있으니, 미리 대비해야겠구나.
⑤ 대중교통에서 노약자석은 노인뿐만 아니라 임산부, 영유아를 비롯한 환자나 부상자도 이용할 수 있구나.

6. 위 글을 읽은 친구들이 나눈 대화입니다. 내용을 잘 이해하지 <u>못한</u> 친구는 누구인지 얼굴에 동그라미 쳐보세요.

"윤도 같은 물건은 이제 우리에게 필요한 물건은 아닐 거야. 하지만, 우리 조상들의 과학 기술을 엿볼 수 있는 소중한 유산이야. 우리가 오래도록 보존하고 전승해야 해."

"윤도나 바디, 백동연죽 모두 정교하고 세밀한 작업이 필요한 공예품이네. 이건 오랜 시간 실력을 갈고 닦지 않으면 하기 어려운 기술이야."

"담배는 모든 병의 원인이라고 할 정도로 건강에 해로운 것이야. 그러니 동백연죽이라고 하더라도 보존의 가치가 높다고 할 수는 없지."

| 관련 교과 | 3학년 과학 계절의 변화   5학년 과학 날씨와 우리 생활

비가 필요하다고요? 네, 금방 갑니다. ★★★★
인공강우로 가뭄은 해소했지만 예상치 못한 결과 불러와

(가) 비가 오래도록 내리지 않으면 농사를 짓기 힘들어요. 또 겨울이나 봄과 같이 ㉠건조한 날씨에 산에 불이라도 나면 엄청나게 빠른 속도로 번지게 돼요. 이럴 때 하늘에서 비가 내리길 바라게 되지요. 그래서 옛날에는 하늘에 제사를 지내며 비가 오기를 기도했어요. 이것을 기우제라고 하지요. 하지만, 이제는 인간의 기술로 비를 뿌릴 수 있답니다. '구름씨'라고 불리는 물질을 구름 안에 뿌리면, 구름 안의 작은 물방울이 구름씨에 뭉치면서 비가 되어 떨어진답니다. 구름씨는 물을 ㉡빨아들이는 성질을 가지고 있거든요.

(나) 2024년 9월, 낮 최고 기온이 40℃를 넘나들던 중국의 충칭시는 더위를 식히고자 인공강우를 시도했어요. 구름씨를 로켓에 실어서 쏘아 올린 거예요. 덕분에 충칭시에는 시간당 31mm의 비가 쏟아지면서 40℃를 넘나들던 기온은 28℃까지 떨어졌어요. 하지만 초속 34m의 강풍이 불어 아파트 난간이 떨어지고, 가로수가 뿌리째 뽑혔답니다. 초속 30m만 넘어도 우산은 뒤집어지고 사람은 앞으로 걸어가기 어려워집니다. 인공강우를 뿌린 것과 강풍은 무슨 관련이 있었을까요?

(다) 인공강우로 쏟아진 비는 강물이나 바닷물에 ㉢섞이는데, 강이나 바다의 온도가 뜨거울수록 조금씩 끓어올라 수증기가 돼요. 이 수증기는 점차 떠올라 차가운 공기와 만나서 물방울이 되고요. 이 물방울들이 모이면서 위아래로 긴 모양의 적란운이 만들어져요. 적란운은 높이가 높다 보니 그 온도차도 심하여 구름 속에서 바람이 강하게 휘몰아친답니다. 그래서 과학자들은 강풍이 불었을 것이라 예상해요. 한편 충칭시는 인공강우를 뿌린 후 오히려 습도가 높아지고, 원래대로 더운 날씨가 지속되면서 찜통더위에 빠지고 말았답니다.

어휘 풀이
강우 비가 내림. 혹은 내린 비.   **구름씨** 구름을 만드는 씨앗이란 뜻으로 '씨'를 붙였어요.   **기우제** 비가 오기를 기원하는 제사.   **초속** 1초에 움직인 거리.   **수증기** 뜨거운 온도에 의해 기체 상태로 변한 물. 작은 물방울이 공기 중에 떠다니는 것이지요.   **찜통더위** 뜨거운 연기로 음식을 찌는 통을 찜통이라고 하지요. 찜통 안처럼 습하고 뜨거운 더위.

오늘의 단어

强 강할 강 | **風** 바람 풍

말 그대로 강한 바람이죠. 풍은 '바람'이나 '풍습'이란 뜻으로 사용되어서 태풍이나 폭풍, 풍습, 소풍, 선풍기 같은 단어에서 볼 수 있지요. 강(强)은 약(弱)과 짝을 이루어 강하고 약함을 나타내는 단어로 매우 자주 보게 되는 글자예요. 뜻은 크게 보면 2가지인데, 첫째 '강한', 둘째 '강한 힘으로 밀어붙이다'는 것이므로 '억지로'란 뜻이에요.

제일 강해서 최강, 강한 지진이라서 강진, 강한 바람이라 강풍, 특별한 부분을 강하게 말할 때는 강조, 겁이 없으면 강심장, 강한 사람은 강자, 강한 힘으로 강력 등을 모두 '강한'으로 이해할 수 있지요.

억지의 뜻을 지닌 단어로는, 억지로 요구하는 강요, 억지로 하게 하는 강제 등이 있어요. 두 뜻 모두 '(힘이) 강하기 때문에' 생기는 일이죠.

강한 / 센   **억지로 / 강제로**

내용 확인

1. 위 글에 나와 있지 <u>않은</u> 내용은 무엇일까요?

① 옛날에 기우제를 지낸 이유
② 인공강우를 내리게 하는 과정
③ 충칭시에 인공강우를 뿌린 결과
④ 적란운이 만들어지는 과정
⑤ 충칭시의 8월 평균 기온

2. 다음의 숫자들과 어울리는 내용을 선으로 연결해보세요.

28℃ •   • 인공강우 후 불어 닥친 강풍의 세기

40℃ •   • 인공강우가 만들어낸 비의 양

초속 34m •   • 인공강우 전 충칭시의 온도

시간당 31mm • • 인공강우 후 충칭시의 온도

3. ㉠, ㉡, ㉢의 반대말로 알맞게 짝지은 것은 무엇일까요?

① ㉠건조한 ↔ 습한　　　② ㉠건조한 ↔ 황량한　　　③ ㉡빨아들이는 ↔ 흡수하는
④ ㉡빨아들이는 ↔ 받아들이는　　　⑤ ㉢섞이는데 ↔ 모이는데

4. (가), (나), (다) 내용을 정리해보았어요. 빈칸에 알맞은 단어를 넣어 보세요.

(가)	농사를 주업으로 살던 옛날에는 비가 오지 않을 때 ㄱ ☐ ☐ 를 지냈어요. 하지만, 이제는 '구름씨'를 인공적으로 쏘아 올려서 구름 안에 뿌리고 그 구름씨에 달라붙은 물방울이 비가 되도록 만든답니다.
(나)	이 기술을 이용하여 충칭시는 더위를 식히고자 ㅇ ☐ ☐ ☐ 를 실시했어요. 덕분에 온도를 확 떨어뜨리긴 했지만, 갑자기 알 수 없는 강풍이 불어 도시에 큰 피해를 입혔어요.
(다)	인공강우로 쏟아진 비가 강이나 바다로 흘러 들어가고 이것이 뜨거운 기온에 수증기가 되면서 엄청난 수의 물방울들을 만들어냈어요. 이 물방울이 모여서 높은 모양의 ㅈ ☐ ☐ 이 되었는데, 이 구름은 온도차가 심하여 구름 안에서 강한 바람을 만들어내거든요. 인공강우 후에는 습도가 높아지고 기온 또한 올라가면서 찜통더위가 지속되었답니다.

5. 위 글을 읽은 후에 이어질 반응으로 어울리는 것은 무엇일까요?

"인공강우보다는 기우제가 더 효과적이야."　　"인공강우 기술은 아직 완전하지 못해. 연구가 더 필요해."　　"더위를 피하기 위해서는 외출을 삼가야 해."　　"다시 더워졌으니 또 인공강우를 준비해야겠군."

HINT (다)는 인공강우 뒤에 생겨난 부작용으로 강풍과 더위에 대해 말하고 있어요. 그 뒤에는 어떤 내용이 어울릴까요?

15 환경

|관련 교과| **3학년 사회** 날씨와 환경 보호　**4학년 사회** 경제 활동과 합리적 선택

내가 버린 그 옷은 어디로 갈까요? ★★★★★
우리가 버린 옷이 다시 우리에게 돌아오는 과정

　(가) 프랑스는 2025년 6월 패스트 패션 제품에 최대 5유로(약 7,200원)까지 부담금을 부과하는 법안을 통과시켰어요. 유행에 맞춰 1, 2주에 한 번씩 신상품을 쏟아내는 패스트 패션 방식이 과도한 소비와 환경오염을 ㉠부추긴다는 이유에서예요. 실제로 중국의 쉬인(Shein)이란 브랜드는 하루 평균 2000벌의 새 제품을 10,000원 전후의 싼 가격으로 쏟아내고 있기 때문에 세계적으로 큰 인기를 끌고 있어요. 싼 가격이지만 그만큼 품질은 낮고, 오래 입을 수는 없는 옷이에요. 그래서 계절마다 버리고 또 사도록 ㉡떠미는 꼴이죠.

　(나) 우리나라에서는 옷을 일반쓰레기로 버리는 대신 녹색 의류수거함 안에 넣어버리죠. 신발이나 가방까지 포함하여 이런 의류들은 국내에서 다시 중고 의류로 판매되는 경우도 있지만, 대부분은 해외로 수출돼요. 우리나라에서 한 해에 30만 톤 이상의 옷이 아프리카로 수출돼요. 우리나라만 이 정도이니 미국이나 유럽을 포함하면 ⓐ_____ 옷들이 아프리카로 ㉢흘러들어가지요. 물론, 아프리카의 사람들도 그 옷을 모두 입을 수는 없어요. 결국, 그곳에서도 처리되지 못한 옷은 그냥 버려집니다. 어디에 버려지냐고요? 물론 강이나 바다죠.

　(다) 우리가 입는 옷의 재료 중 폴리에스테르가 있어요. 등산복이나 쭉쭉 ㉣늘어나는 성질의 옷은 대부분 이것이 들어가요. 이것은 석유로 만든 인공 실인데, 결국 플라스틱인 셈이죠. 이 플라스틱은 잘 썩지 않고 잘게 부서지기만 해요. 강이나 바다에서 쪼개지면 흔히 미세 플라스틱이라고 불리는 작은 먼지로 바뀌어요. 그것을 바다 속의 물고기가 먹고, 사람들은 다시 물고기를 잡아서 먹습니다. 그렇게 인간의 몸에는 미세 플라스틱이 ㉤쌓이게 돼요. 결국, 우리가 버린 옷이 다시 우리의 몸 안으로 들어오게 되는 것이에요. 신기하죠? 우리가 버렸는데, 다시 우리한테 돌아오다니.

어휘 풀이

패스트 패션 패스트(fast)는 영어로 빠르다는 뜻이죠. 그럼 뭐가 빠를까요? '이런 옷을 만들자.'하고 마음을 먹은 후에 실제의 옷이 만들어지기까지의 시간이 5~15일 정도로 매우 빨라요. 최신의 유행에 맞춰 싸고 저렴하게 만들어내면, 사람들은 빨리 사고 또 쉽게 버리게 됩니다.　**부담금** 어떤 일에 대해 책임을 지고 내야 하는 돈.　**미세** 아주 작은.　**전후** 앞과 뒤. '10,000원 전후'라고 하면 10,000원을 중심으로 놓고 조금 적거나 조금 많은.

前 앞 전 | 後 뒤 후

앞과 뒤. 일상 속에서 매우 흔하게 쓰이는 글자들이지요. 뜻을 나눠보자면, 시간상 앞에 일어난 일을 말할 때와 공간상 앞 방향을 말할 때가 달라요. 예를 들어 '식전에 먹는 디저트'라고 말한다면 밥 먹기 전이니 시간상의 앞을 뜻해요. 하지만, '문전박대를 당했다.'고 말할 때 문전은 '문 앞'을 뜻하니 공간상의 앞을 말해요. 또한 오전은 정오 12시를 기준으로 그 이전의 시간을 말하는 것이니 시간상 앞, '앞으로 전진'이라고 말할 때는 공간상 앞이랍니다.

시간상 앞   **공간상 앞**

1. 위 글에 나와있지 <u>않은</u> 내용은 무엇일까요?

① 프랑스에서 패스트 패션 제품에 부담금을 매기는 이유
② 우리나라에서 옷을 버리는 방법
③ 전 세계에서 버려진 옷들이 처리되는 과정
④ 폴리에스테르가 바다에서 썩는 데 걸리는 시간
⑤ 미세 플라스틱이 인간의 몸으로 들어오는 과정

2. 어려운 문제 ㉠~㉤의 표현 중 비슷한 의미끼리 묶은 것은 무엇일까요?

① ㉠㉡   ② ㉢㉣   ③ ㉢㉤
④ ㉠㉢   ⑤ ㉡㉣

3. ⓐ에 들어갈 표현으로 가장 맞지 <u>않은</u> 것은 무엇일까요?

① 그 몇십 배의   ② 어마어마한 양의   ③ 값으로 매길 수도 없는
④ 말할 수 없을 만큼의 양의   ⑤ 셀 수도 없을 만큼의

4. (가), (나), (다) 내용을 정리해보았어요. 빈칸에 알맞은 단어를 넣어 보세요.

(가)	과도한 ㅅ☐ 와 ㅎ☐ 오염을 부추긴다는 이유로 프랑스는 패스트 패션 제품에 부담금을 부과하는 법안을 통과시켰어요. 쉬인을 예로 들어보자면, 만 원에 불과한 싼 가격과 낮은 품질의 옷을 팔면서 사람들이 좀 더 쉽게 사서 쉽게 버릴 수 있도록 만들었어요.
(나)	우리나라에서는 많은 양의 헌 옷들을 아프리카로 수출해요. 우리뿐만 아니라 미국, 유럽의 헌 옷들도 아프리카로 모이니 아프리카에는 처리하지도 못할 양의 옷들이 쌓이게 돼요. 이 옷들은 결국 강이나 바다에 버려집니다.
(다)	버려진 옷들 중 많은 부분이 석유로 만든 ㅇ☐ 실인 폴리에스테르로 이루어져 있어요. 일종의 플라스틱이라서 썩지도 않고 잘게 부서진 채로 바다로 흘러가게 되지요. 그 조각을 ㅁ☐ 플라스틱이라고 부르는데, 이것이 흘러 다니다가 물고기의 배에 들어가고, 인간은 다시 그 물고기를 먹게 되지요. 이것이 우리가 버린 옷이 다시 우리에게 돌아오는 과정이에요.

5. 다음 중 '전'의 의미를 '시간상의 앞'와 '공간상의 앞'으로 구분하여 연결해보세요.

시간상의 앞
前

- 대전역 앞에는 맛있는 역**전**우동 가게가 있어요.
- 여기 자동차 앞에 **전**조등 부분이 깨졌어요. 헤드라이트요.
- 깜짝 놀랐어. 이**전**과는 다른 모습인 걸? 연습 많이 했구나.
- 앞으로 나가자. 자, **전**진이다!

공간상의 앞
前

- 오**전** 8시 30분까지 등교하고 나면 9시에 수업 시작이야.
- 아직 노래 부르면 안 돼. 여기 **전**주 부분이야.

6. 화음이는 다음 이야기를 읽고 위의 글과 비슷한 느낌을 받았다고 해요. 어떤 점에서 비슷하다고 말하는 것일까요? 자유롭게 이야기해보세요.

조선 시대 어느 떡장수의 이야기예요. 그에게는 떡의 재료인 콩을 팔러 오는 가난한 농부가 있었어요. 하루는 가져온 콩의 양을 보니 원래 약속했던 양보다 조금 모자라는 것 같이 보였어요. 잘못 봤나 싶어, 올 때마다 저울로 일일이 달아 보았어요. 그랬더니 역시나 아주 조금씩 적은 것이 아니겠어요. 화가 난 떡장수는 콩 농부가 자신을 속였다고 생각하여 고을 사또에게 신고하였어요. 콩을 키우는 농부는 붙잡혀 재판을 받게 되었어요. 사또가 가난한 농부에게 왜 약속한 양을 속여서 팔았냐고 물었어요. 농부는 "저는 가난하여 집에 저울이 없습니다. 그래서 떡장수가 파는 떡의 무게에 맞춰 딱 1말을 재서 가져갔습니다."라고 말했어요. 떡장수는 더 적은 양의 떡을 1말이라고 속여서 팔았던 것이지요. 더 많은 이익을 남기기 위해 했던 행동이 결국 자신마저 속이게 된 것이지요. 결국 자기 꾀에 자기가 걸려 들어간 것이에요.

말 조선 시대 무게를 재는 단위 중 하나예요. 보통 됫박이라고 하는 바구니를 1되라고 하면, 10되가 1말이 돼요. 요즘 방식으로 말하면 1말은 무엇을 재느냐에 따라 다르지만 보통 8~10kg를 뜻해요.

방망이 깎는 노인

옛날 아주 먼 옛날, 부지런히 사는 한 남자가 있었어요. 하루는 부인이 말했지요.

"여보, 동대문 가는 길에 빨래 방망이 한 벌만 꼭 사다 주세요!"

남자는 길가에서 방망이를 깎는 할아버지를 만났어요.

"할아버지, 방망이 한 벌 주세요."

하지만 할아버지는 퉁명스럽게 아주 비싼 값을 불렀어요.

"좀 싸게 안 될까요?" "비싸거든 딴 데 가서 사!"

남자는 속이 상했지만 어쩔 수 없이 비싼 돈을 내고 부탁했어요.

"얼른 깎아주세요!"

할아버지는 조용히 나무를 깎기 시작했어요. 처음엔 슥슥 깎더니 점점 느려졌지요. 이미 예쁜 방망이가 다 된 것 같은데도 계속 이리 보고 저리 보며 다듬는 거예요. 남자는 초조했어요.

"할아버지! 이제 그만 주세요. 해 지겠어요!"

그러자 할아버지가 호통쳤어요.

"끓을 만큼 끓어야 밥이 되지, 생쌀을 재촉한다고 밥이 되냐!"

남자는 화가 나서 대들었지만, 할아버지는 묵묵히 담배만 피웠어요. 결국 남자는 발을 동동 굴렀지요. 시간이 지나 드디어 할아버지가 말했어요. "자, 여깄수다."

그제야 남자는 굽은 허리를 펴고 서 있는 할아버지 모습에서 묘한 존경심을 느꼈어요. 집에 와서 부인에게 방망이를 건네자, 부인이 감탄했어요.

"세상에, 여보! 이 방망이 참말로 좋아요!"

그 방망이는 손에 착 붙고 빨랫감이 달라붙지 않는 신기한 방망이였지요. 그제야 남자는 깨달았어요.

'할아버지는 느린 게 아니라, 가장 좋은 방망이를 만들고 있었던 거구나!'

4주차

16 [사회] 다음 쓰레기 매립지는 어디에 지어야 하나요? 73

17 [문화] 한강, 한국인 최초로 노벨문학상 수상 77

18 [환경] 저 젤리 아닌데요, 저 해파린데요. 80

19 [경제] 영화 관람료가 비싼 게 아니라고요? 84

20 [사회] 골칫거리로 전락한 전동 킥보드 88

| 관련 교과 | 4학년 사회 지역의 공공 기관과 주민 참여 5학년 과학 생물과 환경 5학년 도덕 함께 사는 우리

다음 쓰레기 매립지는 어디에 지어야 하나요? ★★★★
님비 현상을 해결할 수 있는 새로운 해법이 필요한 시기

(가) 서울 및 경기 수도권의 쓰레기는 모두 어디로 갈까요? 전국 인구의 절반이 이곳에 사니 쓰레기의 양도 어마어마하겠지요. 2023년 통계에 따르면 한국인 한 사람이 만들어낸 쓰레기양은 433kg이었답니다. 재활용되지 못하는 쓰레기들은 소각되거나 땅에 매립됩니다. 수도권의 경우 소각되지 못한 쓰레기를 1992년 이래로 인천광역시 서구에 위치한 수도권 매립지에 묻어 왔어요. 그리고 이 매립지는 2025년까지만 사용하기로 약속되어 있어요. 그렇다면 다음 매립지는 어디에 지어야 할까요?

(나) 서둘러 정해야 하지만 2024년까지 진행된 3차 공모까지 어떤 지자체도 지원하지 않았어요. 이에 인천 시민들은 _____㉠_____. 지난 30년간 쓰레기 악취를 참아가며 남의 동네 쓰레기를 받아주었으나 문제 해결을 위해 아무도 나서지 않고 있기 때문이지요. 이른바 님비(NIMBY)현상이에요. 분명 쓰레기 매립지는 이 사회에 없어선 안 될 필수 시설이에요. 하지만 대부분의 사람들은 쓰레기 트럭이 드나들며 악취와 소음이 끊이지 않는 쓰레기 매립지를 가까이 두기 싫어하죠. 모두에게 필요한 시설이지만, 내 집 근처에 있어선 안 된다는 생각이 바로 님비랍니다.

(다) 한편, 이런 상황을 예술적인 아이디어로 극복한 사례가 있어요. 오스트리아 비엔나에 위치한 슈피텔라우 소각장이나 일본 오사카의 마이시마 소각장은 혐오시설도 도심 한가운데에서 시민들과 함께 할 수 있다는 사실을 보여줘요. 알록달록한 색채의 건물들과 그 안을 꾸미고 있는 독특한 디자인의 창문과 기둥, 타일 등은 예술작품으로 보기에도 손색이 없지요. 얼핏 보면 놀이공원과 같은 두 소각장은 많은 수의 관광객을 끌어 모으며 지역 관광 산업에도 크게 기여하고 있답니다.

어휘 풀이
님비 Not in my back yard의 앞머리 글자만 딴 글자. 그 시설이 우리에게 필요한 것은 알지만 "내 뒷마당엔 안 돼."라고 말하는 생각이나 태도를 뜻해요. **지자체** 지방자치단체. 특별시, 광역시, 도, 시, 군과 같이 어떤 지역을 담당하여 관리하는 단체. **공모** 널리 공개하여 모집함. "이거 할 사람 손들어 주세요." **기여** 기여한다는 것은 도움이 된다는 뜻이에요.(=도움) **혐오** 싫어하고 미워함. **손색이 없다** (다른 것과 비교하여)모자란 점이 없다.

再 다시 재   **活** 살 활   **用** 쓸 용

'재(再)'는 2(둘)이라는 뜻이지만, 실제 생활에서는 '다시'라는 뜻으로 주로 쓰여요. 무엇인가를 한 번 했지만 한 번 더 하는 거예요. 재도전! 이렇게 말이죠.
TV에서 이미 했던 방송을 다시 해주는 경우는 재방송. 아파트가 오래되어 다시 짓는 건 재건축. 시험을 다시 보면 재시험. 수술을 한 번 더 하는 건 재수술 등등 정말 많이 쓰이는 표현이랍니다.

1. 위 글에 나와 있지 <u>않은</u> 내용은 무엇일까요?

① 서울 및 경기 수도권의 쓰레기 매립지 위치
② 2023년 한국인 1명이 1년간 만들어낸 쓰레기의 양
③ 다음 수도권 쓰레기 매립지
④ 님비 현상의 의미
⑤ 혐오시설에 대한 님비를 극복한 사례

2. ㉠에 들어갈 표현으로 어울리지 <u>않은</u> 것은 무엇일까요?

① 분통을 터트리고 있어요.   ② 억울함을 호소하고 있어요.   ③ 부러움을 사고 있어요.
④ 답답함을 토로하고 있어요.   ⑤ 서운함을 감출 수 없었어요.

HINT 토로하다 마음속에 있는 것을 드러내어 말하다. (=털어놓다.)

3. 어려운 문제 다음 중 님비 현상으로 볼 수 <u>없는</u> 사례는 무엇일까요?

① 좁은 교실 내에서 쓰레기통 옆에 앉기 싫어하는 아이들
② 아파트 뒷산에 쓰레기 소각장을 짓는다는 소식에 화부터 내는 엄마
③ 다음 수도권 매립지를 놓고 서로 책임을 미루려는 서울시와 경기도
④ 가게 근처에 지하철역이 개통되면 장사가 더 잘될 것이라 기대하는 상인
⑤ 동네에 장애인 학교가 들어오는 것을 반대하는 국회의원

4. (가), (나), (다) 내용을 정리해보았어요. 빈칸에 알맞은 단어를 넣어 보세요.

(가)	사람들이 만들어내는 쓰레기는 ㅈ ㅎ ㅇ 되지 않을 경우 모두 매립되거나 소각됩니다. 수도권의 경우 1992년부터 인천광역시 서구에 있는 매립지에 묻어 왔지만, 2025년까지만 묻을 수 있답니다.
(나)	3차 공모까지 어떤 지자체도 지원하지 않았기 때문에 이 문제는 해결될 가능성이 낮아요. 이는 모두에게 필요하지만 내 집 근처에 있어서는 안 된다는 ⬜⬜ 현상이라고 할 수 있어요.
(다)	이런 상황을 슬기롭게 극복한 사례로서 슈피텔라우 소각장이나 마이시마 소각장이 있어요. 이 시설들은 ㅎ ㅇ 시설이지만 시민들과 함께 할 수 있는 예술적 건축물로 지어졌기 때문에 오히려 관광객들을 불러 모으고 있어요.

5. 다음에 사용된 '재(再)'의 의미를 다르게 말한 친구는 누구일까요?

① 하윤: 선생님, 저 줄넘기 재도전하고 싶어요. 원래 할 수 있는데, 실수했어요.
② 하린: 한자 7급 시험 본 거 결과 나왔는데, 절반도 못 맞았어요. 그래서 재시험 보려고요.
③ 시연: 화음아, 어제 「안녕 자두야」 봤어? 못 봤다고? 그럼, 오늘 재방송 봐.
④ 화음: 우와, 솔이야. 너 기타 칠 줄 알아? 대단하다. 솔이의 재발견이네.
⑤ 은재: 우리 동네에 있던 재래시장이 없어진 지 좀 됐는데, 다시 안 생기려나?

6. 다음은 덴마크의 코펜하겐에 있는 아마게르 바케(Amager Bakke)라는 친환경 발전소를 간략히 그린 그림이에요. 우리나라도 곧 새로 지을 자원회수센터(소각장)를 이와 같은 형태로 만든다고 해요. 이곳에 시민들이 이용할 수 있는 시설들을 넣으려는데 우리가 아이디어를 직접 내보아요.

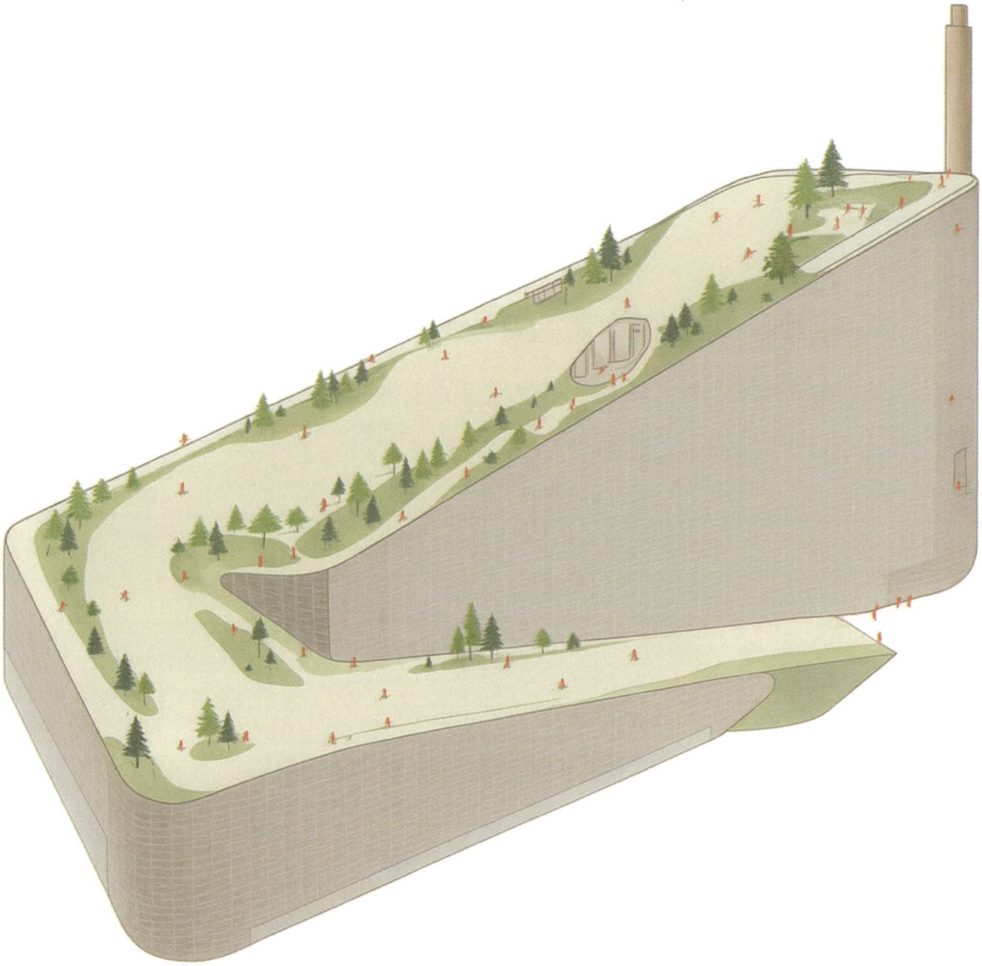

"이거 꽤 높이가 있겠는 걸? 그렇다면 저 위에 전망대를 설치하면 어떨까? 그리고 그 전망대에 카페도 있으면 좋겠다."

엄청 긴 내리막길이네. 그렇다면, 이곳에는!
… 을 만들면 좋겠다.

17 문화

|관련 교과| 4학년 사회 다양한 문화에 대한 이해와 존중 6학년 사회 세계 속의 우리나라

한강, 한국인 최초로 노벨문학상 수상 ★★☆
아시아 여성으로서도 첫 쾌거

2024년 10월 10일, 스웨덴 왕립과학원 노벨위원회가 소설가 한강을 2024년 노벨 문학상 수상자로 발표했어요. 한국인이 노벨상을 받은 것은 2000년 노벨 평화상을 받은 김대중 전 대통령에 이어 두 번째고, 노벨 문학상 수상은 최초예요. 아시아로 범위를 넓혀 보면 노벨 문학상 수상 작가는 다섯 명이지만, 여성으로는 최초예요. 하지만, 수상을 예상한 사람이 거의 없었기 때문에 국민들은 ㉠_____.

1970년 전남 광주에서 태어난 한강 작가는 어릴 적부터 글 쓰고 말하는 능력이 뛰어난 학생이었다고 해요. 소설을 쓰고 싶어 했던 한강 작가는 연세대 국어국문학과에 진학했고, 1993년 졸업 이후 시인으로 잠시 활동하다가 1994년 소설가가 되었어요. 한강 작가는 이상문학상, 김유정문학상 등 국내 문학상은 물론 2016년엔 영국 맨부커상 국제 부문에서 상을 받으며 국내외적으로도 이름을 얻은 후, 연이어 이탈리아, 스페인, 프랑스 등에서도 문학상을 받았어요. 그럼에도 한강 작가는 항상 겸손한 태도를 잃지 않았어요. 이번 노벨 문학상 발표 이후에도 "러시아-우크라이나 전쟁, 중동 전쟁이 치열해 날마다 사람이 목숨을 잃는데 무슨 잔치를 하겠느냐"며 기자회견을 안 하기로 했지요.

서점가에서는 오랜만에 즐거운 비명을 질렀어요. '한강 신드롬'이라고 할 만큼 한강 작가의 이름이 붙은 책들이 날개 돋친 듯 팔렸기 때문이에요. 노벨상 수상 이후, 대표작 『소년이 온다』는 무려 120만부가 넘게 팔리는 등 사람들의 한강 작가에 대한 열기는 식을 줄 몰랐답니다. 이번 수상을 계기로 그동안 소외되었던 한국 문학 시장에 활기가 돌 것이라는 전망도 많아요. 책을 읽는 인구나 글을 쓰는 인구 모두 줄어드는 추세 속에서 반전의 계기가 된 셈이에요. 또한, 점차 영향력을 넓혀 가고 있는 한국 문화가 K-POP과 K-드라마에 이은 또 하나의 세계적 상품을 만들어냈다는 자부심도 생기게 되었어요.

어휘풀이

수상 상을 받다. 혹은 받는 일. 수상자는 상을 받은 사람이에요. **쾌거** 통쾌하게 장한 행위. 속이 시원하도록 자랑스러운 행동. **국내외** 국내+국외. 우리나라뿐만 아니라 해외에서도. **신드롬** syndrome. 어떤 것을 좋아하는 현상이 모두에게 전염되어 휩쓰는 현상. (=강한 유행.) **반전** 반대 방향으로 구르다. 상황이 뒤바뀌었다. **자부심** 자신에 대해 스스로 그 가치나 능력을 믿고 당당히 여기는 마음.

반(反)은 일상 속에서는 흔히 '반대하다'의 뜻으로 가장 많이 쓰여요. 처음에는 한자의 모양이 가파른 암벽을 기어오르는 사람의 모습이라서 '거슬러 오르다'의 의미였다고 해요. 자연스레 내려가지 않고 올라가는 것이니 '되돌아가다/돌이키다'라는 뜻으로 쓰이다가, '반대하다'까지 간 것이지요. 반전(反轉)은 말 그대로 '반대로 구르다'이니 상황이 뒤바뀌었다는 뜻이 됩니다.

반대: 반대하다.
반등: 내려가다 다시 올라감.
반응: 어떤 일에 반응함.
반격: 되받아 공격하다.
반론: 반대되는 의견, 주장.
반성: 스스로를 되돌아 봄.
반기: 반대편에서 든 깃발
반복: 같은 일을 되풀이 함.
반칙: 규칙을 어김

1. 위 글에서 알 수 있는 내용이 <u>아닌</u> 것은 무엇일까요?

① 2024년의 노벨 문학상 수상자
② 한국에서 첫 번째로 노벨상을 받은 사람
③ 한국여성으로서 노벨상을 최초로 받은 사람
④ 아시아 여성으로서 최초로 노벨 문학상을 받은 사람
⑤ 노벨상 수상 이전의 한강 작가의 도서 판매량

HINT 아시아: 아시아 대륙을 뜻하는 말로, 한국-중국-일본을 포함하여 동남아, 인도, 중동 지역까지 뜻함.

2. ㉠에 들어갈 표현으로 알맞은 것을 찾아보세요.

① 환호할 수 없었어요.
② 침묵할 수밖에 없었어요.
③ 깜짝 놀랄 수밖에 없었어요.
④ 숨을 죽일 수밖에 없었어요.
⑤ 슬픔을 참을 수밖에 없었어요.

3. 밑줄 친 부분을 바르게 고치지 못한 것을 찾아보세요.

① 이름을 얻은 후 → 유명해진 후   ② 즐거운 비명을 지르고 있어요. → 기쁨을 감추지 못하고 있어요.
③ 날개 돋친 듯 → 불난 집에 부채질하듯   ④ 식을 줄 모르고 있어요. → 쉽게 사그라지지 않고 있어요.
⑤ 활기가 돌 것 → 좋은 영향을 줄 것

HINT 아시아: 아시아 대륙을 뜻하는 말로, 한국-중국-일본을 포함하여 동남아, 인도, 중동 지역까지 뜻함.

4. 다음은 위 전체 글을 요약한 글이에요. 빈칸에 알맞은 단어를 넣어 볼까요?

한국인 최초로 한강 작가가 노벨문학상을 ㅅ☐했어요. 한국인으로서 두 번째, 아시아 여성으로는 최초예요. 어려서부터 글쓰는 ㄴ☐이 뛰어나 작가가 되고 싶어 했던 한강 작가는 이미 국내외적으로 많은 상을 수상한 작가였지만, 겸손한 태도로 기자회견마저 하지 않았어요.

한편, 서점가에서는 한강 작가의 책이 날개 돋친 듯 팔려나가고 있어요. 독서 열기가 점차 식어가는 상황에서 큰 ㅂ☐이 될 것이라 기대하면서, 한국 문화가 가진 세계적 영향력이 더욱 커지는 데에 대한 ㅈ☐도 생기게 되었어요.

5. 빈칸에 알맞는 말을 [보기]에서 찾아 써보세요.

(1) 이번 노벨상 수상을 계기로 우리 스스로 반☐할 부분이 많아요. 그동안 너무 책을 멀리하지 않았는지, 문학이나 철학과 같은 학문이 어렵고 돈이 되지 않는다고 해서 멀리한 것은 아닌지 말이에요.

(2) 전 그 의견에 반대합니다. 실력만 있다면 노벨문학상을 받을 수 있는 것이지요. 그렇다고 모든 사람들이 문학에 관심을 갖고 살 수는 없습니다. 너무 바쁩니다. 혹시라도 저와 다른 의견이 있으시다면, 얼마든지 반☐하셔도 좋습니다.

| [보기] | 반기 | 반등 | 반성 | 반론 | 반칙 | 반응 | 반격 |

18 환경

날짜   년   월   일   요일

|관련 교과| 3학년 과학 동물의 생김새와 사는 곳   5학년 과학 생물과 환경

저 젤리 아닌데요, 저 해파린데요. ★★★
급격히 올라간 수온으로 엄청난 피해가 발생해

기후 변화로 바다의 수온이 높아지면서, 우리나라 근해에 살고 있는 물고기들의 세상에 큰 변화가 ____㉠____. 예를 들어 찬물을 좋아하는 동해의 오징어가 저 북쪽으로 떠나가면서 그 자리를 새로운 물고기들이 채우고 있어요. 28℃ 이상의 온도에서 살 수 없는 광어와 우럭, 멍게, 전복 같은 수산물들이 대규모로 폐사하는 일도 있었어요. 2024년 경남 지역에서는 2600만 마리 이상의 양식 물고기가 폐사하는 바람에 엄청난 피해를 남긴 바 있어요.

여기에 더해, 작년부터 동해바다에 나타나는 해파리도 문제예요. '노무라입깃해파리'(Nomura's jellyfish)라는 이름을 가진 해파리가 동해안에 떼를 지어 나타난 것인데요. 원래는 한국의 서해나 동중국해 인근에서 살던 녀석들이지만, 높은 수온에서 번식이 쉬워지면서 해류를 타고 대량으로 나타난 것이에요. 최대 크기가 2m에 몸무게가 150~200kg에 달할 정도로 클뿐더러, 독성이 강한 촉수로 인해 어민들은 조업을 포기할 정도라고 해요. 해파리가 그물을 찢는 것은 예사고 같이 잡힌 물고기들마저 다 죽게 만들어 피해가 이만저만이 아니거든요.

해수욕장에서는 해파리 쏘임 사고도 늘어나고 있어요. '젤리 물고기'란 친근한 영어 이름과 다르게 해파리는 둥근 몸통 아래 달린 촉수에서 작은 독침을 쏘아요. 우리 피부에 스치기만 해도 채찍에 맞은 것만 같은 상처가 생기는 것도 바로 이것 때문이에요. 노무라입깃해파리는 그중에서도 강한 독성을 갖고 있기 때문에 자칫 쏘일 경우 발진 및 간지럼증, 근육마비, 호흡곤란, 신경마비 등의 증세가 나타날 수 있어요. 그러므로 바닷가에서 산책할 때는 신발을 신고, 수영을 할 때는 긴 팔, 긴 바지의 수영복을 입는 것이 좋아요. 만약 해파리에 쏘인다면 생수나 수돗물 대신 반드시 바닷물로 씻어내고 병원에 가야 해요. 수돗물로 씻으면 오히려 독이 더 퍼질 수 있답니다.

어휘 풀이
근해 육지 가까이에 있는 바다. **폐사** 키우던 짐승이나 물고기가 갑자기 죽는 일. **양식** 물고기나 미역, 버섯 등을 먹거나 팔기 위해 사람이 기르는 일. **번식** 생물이 자기 자식을 유지하고 늘리는 일. **해류** 일정하게 이동하는 바닷물의 흐름. **조업** 배를 타고 나가 물고기를 잡는 일. **예사** 흔히 일어나는 일. **이만저만** 이 정도 혹은 저 정도쯤으로 별 것 아닌 일. **촉수** 돌기 모양으로 튀어나와서 감각을 느끼는 신체의 일부. **독성** 독이 있는 성분. **마비** 몸의 일부가 그대로 멈추거나 정지함.

近 가까울 근 | 海 바다 해

'근(近)'은 가깝다는 뜻이에요. 반대로 멀다는 뜻은 '원(遠)'이고요. 그래서 원근(遠近)감이라고 하면 '멀고 가까운 것에 대해 느껴지는 감각'이라는 말이 되죠.

눈이 조그맣게 보이는 안경을 쓴다면 근시일 가능성이 커요. 가까이 있는 것만 잘 보는 근시. 가까운 곳을 나타내는 근처, 근방, 부근, 인근은 모두 같은 '근'이네요. 그러고 보면 정말 친근감이 느껴지는 글자예요.

내용 확인

1. 위 글에서 알 수 있는 사실이 아닌 것은 무엇일까요?

① 최근 동해에서 오징어가 사라진 이유
② 수온이 올라가면서 폐사된 수산물 종류들
③ 노무라입깃해파리의 요리 방법
④ 노무라입깃해파리가 어업에 미치는 영향
⑤ 여름철 바닷가에서 해파리에서 쏘이지 않는 방법

2. ㉠에 들어갈 표현으로 어울리지 않는 것은 무엇일까요?

① 일어나고 있어요.   ② 나타났어요.   ③ 닥쳐오고 있어요.
④ 사라지고 있어요.   ⑤ 밀려오고 있어요.

3. 위 글에 나온 다음 표현 중, 의미가 비슷한 것끼리 묶이지 않은 것을 찾아보세요.

① 채우고 있다 – 차지하고 있다.   ② 번식이 쉬워지다 – 새끼를 많이 낳다.   ③ 피해 – 손해
④ 예사다 – 매우 흔하다.   ⑤ 이만저만이 아니다 – 평범하다.

4. 위 글의 내용에 맞게 선을 이어보세요.

바다의 수온이 높아지면서 동해안에 해파리들이 점점　　　•

　　　　　　　　　　　　　　　　　　　　　　　　　　　　•　　늘어난다

광어, 우럭, 멍게, 전복과 같은 양식 수산물들이 점점　　　•

잔불을 좋아하는 오징어는 동해안에서 점점　　　•

　　　　　　　　　　　　　　　　　　　　　　　　　　　　•　　줄어든다

해수욕장에서 해파리 쏘임 사고가 점점　　　•

어휘 쑥쑥쑥

5. 어려운 문제 다음은 위 전체 글을 요약한 글이에요. 빈칸에 알맞은 단어를 [보기]에서 찾아 써보세요.

바다의 수온이 올라감에 따라 ☐☐ 으로 키울 수 있었던 광어와 우럭과 같은 물고기들이 ☐☐ 하는 일이 늘어나고 있다. 더군다나 해파리의 등장으로 인해 어민들의 ☐☐ 에 큰 어려움이 생겼을 뿐만 아니라, 바닷가 피서객들 또한 해파리의 ☐☐ 에 쏘이는 사고가 빈번해짐에 따라 주의가 필요해졌다.

| [보기] | 폐사 | 양식 | 해류 | 조업 | 촉수 | 독성 | 마비 |

6. 다음은 이번 주에 바다에 함께 놀러가기로 한 화음이와 하윤이의 대화예요. 위 기사를 참고하여 빈칸을 알맞게 채워보세요..

화음　동해안에 해파리가 엄청 많아졌다는 뉴스 봤어, 하윤아?

하윤　응, 그것 때문에 엄마가 걱정하시더라. 우리 바다 갈 때도 조심해야 할 것 같아.

화음　그래서 우선 수영복을 바꾸려고. 긴 팔에 긴 바지 형태로 되어 있는 수영복을 입어야 할 것 같아.

하윤　그러게, 그래야 조금이라도 안전하겠지? 난 그렇게 했는데도 해파리에 쏘이면 어쩌나 걱정돼.

　　　해파리에 쏘이면 길고 빨갛게 부풀어 오른다더라. 잘못하면 몸도 마비된대.

화음　아, 내가 어제 아빠한테 들었는데, 해파리에 쏘였을 때는

생수나 수돗물 대신에 반드시 (　　　　)로 씻어내고 병원에 가야 해.

하윤　아, 그래? 생수로 씻으면 어찌 되는데?

화음　그럼, 촉수에 달려 있는 독성이 더 쉽게 퍼질 수 있대.

|관련 교과| **4학년 사회** 경제 활동과 합리적 선택   **4학년 사회** 사회 변화로 나타난 일상생활의 모습

영화 관람료가 비싼 게 아니라고요? ★★★★

영화 할인으로 관객 끌어들인 후 먹거리로 돈을 버는 극장들

　(가) 2024년 한 방송에서 영화배우 최민식 씨가 "극장 값 좀 내려라. 그렇게 확 올리면 나라도 안 간다."고 말해 영화 관람료에 대한 논란이 일었어요. 집에서 편히 볼 수 있는 OTT(온라인 동영상 서비스) 비용에 비해 영화 관람료가 크게 올라 관객들이 좀처럼 극장에 잘 가지 않게 되었다는 얘기이지요. ＿㉠＿ 자세히 뜯어보면 꼭 그렇지만은 않다는 주장도 많아요. 실제로 정가를 다 주고 영화를 보는 사람은 없기 때문이에요. 평일을 기준으로 보면 1만 5천 원 정도를 영화 관람료라 생각하지만, 영화진흥위원회가 발표한 자료를 보면 2024년 한 해 동안 1명이 지불한 영화 관람료 평균가격은 9,702원이었답니다.

　(나) 이게 어찌 된 일이냐고요? 그야 관객들이 각종 할인 제도를 이용해 표를 싸게 샀기 때문이지요. 그래서인지 극장들의 평균 관람료는 작년에 비해 더 내려간 셈이랍니다. 실제로도 CGV 극장의 표 판매수익은 점점 감소하고 있다고 해요. 그럼에도 극장들은 계속 할인을 해서 관객들을 모으고 있어요. 객석에 10명이 앉아있든 100명이 앉아있든 극장 운영비용은 큰 차이가 없으니 가격과 상관없이 오라고 하는 것이지요. 그럼, 극장들은 어떻게 돈을 벌까요?

　(다) 그건 팝콘과 음료예요. 극장에서 파는 팝콘과 음료는 시중에서 파는 것들과 다르지 않은데도 가격이 훨씬 더 비싸요. 밖에서 미리 사 와서 먹어도 상관없지만, 귀찮다는 이유로 그냥 극장에서 사는 사람들이 대부분이거든요. 영화표를 1장 팔면 세금과 기타 운영비용을 빼고 45% 정도의 수익이 남지만, 팝콘과 음료는 90% 이상이 수익이니 극장은 먹거리로 돈을 번다고 말할 수 있는 것이죠. ＿㉡＿ 영화는 일종의 미끼상품이고 팝콘과 음료를 팔아 이익을 내는 것이 영화관의 운영 방식인 셈이에요.

어휘풀이
OTT (Over-the-top) 넷플릭스나 티빙과 같이 동영상을 모아 인터넷으로 제공해주는 사이트들이에요. 일정한 금액을 내면 집에서 영화나 드라마를 볼 수 있어요.　**정가** 원래 정해놓은 정상 가격.
시중(市中) 시내의 가운데. 쉽게 '시장이나 마트'라고 생각해도 좋아요.　**기타** 그 밖의 또 다른 것. 대개 중요한 것을 빼고 난 후의 나머지 것들을 의미해요.　**미끼상품** 미끼란 사람을 꼬셔내기 위한 수단이나 물건을 의미하죠. 그러므로 미끼상품이란 사람들을 끌어 모으기 위해 대폭 할인된 가격으로 판매하는 상품을 뜻해요.

관(雚)이란 글자는 황새를 뜻해요. 그리고 그 옆에 본다는 뜻의 견(見)이 붙어있지요. 즉, 황새가 먹이를 잡기 위해 자세히 바라보고 있는 모습이 바로 관(觀)입니다. 그냥 보는 것이 아니라 목적을 갖고 자세히 보고 있는 것이에요. 관(觀)옆에 또 본다는 뜻의 람(覽)이 붙어요. 람(覽)은 '자세히'가 아니라, 두루 두루 넓게 살펴보는 것을 뜻해요. 그러니 '관람'이라고 하면, 자세히도 보고 넓게도 보는 것이에요. 영화나 연극, 공연, 운동경기 등을 볼 때의 자세가 그렇다는 것이지요.

'자세히 보는' 일에는 모두 관(觀)이 사용되니, 그 예가 엄청 많겠지요?
- 관광(觀光) 버스를 타고 여행을 떠나요!
- 곤충들을 관찰(觀察)하고 쓰는 관찰일지
- 오늘은 학부모님들이 수업에 오시는 참관(參觀) 수업 날

내용 확인

1. 위 글에서 알 수 있는 사실이 아닌 것은 무엇일까요?

① 정가를 주고 영화를 보는 사람보다 할인을 받아서 영화를 보는 사람들이 더 많아요.
② 극장들의 평균 관람료는 작년에 비해 내려갔어요.
③ 극장은 관객 수가 늘어날수록 운영비용이 증가해요.
④ 팝콘과 음료를 파는 것이 영화표를 파는 것에 비해 2배 수익이 나요.
⑤ 극장 밖에서 팝콘을 사 와서 먹어도 괜찮아요.

2. ㉠과 ㉡에 들어갈 연결어로 가장 잘 어울리는 것은 무엇일까요?

① ㉠그래서 – ㉡결국
② ㉠그래서 – ㉡하지만
③ ㉠하지만 – ㉡결국
④ ㉠그렇지만 – ㉡더군다나
⑤ ㉠이와 달리 – ㉡그럼에도 불구하고

3. (가), (나), (다) 내용을 정리해보았어요. 빈칸에 알맞은 단어를 넣어 보세요.

(가)	비싼 관람료 때문에 극장에 못 간다는 주장과 달리 실제로 정가를 주고 영화를 보는 사람들은 없어요. 1명이 지불하는 ㅍ☐ 가격은 정가 1만 5천 원이 아닌 9702원이었답니다.
(나)	대부분의 관객들은 ㅎ☐ 제도를 이용하여 표를 사기 때문에 극장은 영화표만으로는 돈을 크게 벌 수 없어요. 극장 입장에서는 관객 수가 많다고 해서 운영비용이 늘어나지도 않으니 사람들을 더 많이 불러 모아도 상관이 없답니다.
(다)	대신 팝콘과 음료를 비싸게 팔아서 수익을 남긴답니다. 영화는 남길 수 있는 이익이 적기 때문에 이를 ☐☐☐☐ 으로 사용할 뿐, 실제로는 팝콘과 음료를 팔아서 수익을 내게 돼요.

4. 어려운 문제 극장은 10명이 앉아있든 100명이 앉아있든 운영하는 비용에는 큰 차이가 없어요. 하지만 사람이 더 올 때마다 비용이 증가하는 경우도 있지요. 사람이 올 때마다 비용이 크게 증가하는 경우를 골라 동그라미 해보세요.

부산가는 고속버스   성수동의 돈가스 가게   서울숲 공원

5. 어려운 문제 다음에 사용된 '관' 중에서 그 의미가 <u>다른</u> 하나는 무엇일까요?

① 엄마, 요새 나한테 너무 관심 없는 거 아냐? 나 신발 정말 더러워졌다고.
② 관객 여러분 안녕하세요. 이제부터 우리 반 2학기 장기자랑을 시작하겠습니다.
③ 충북 단양의 유명한 관광지로는 고수동굴, 도담삼봉, 사인암, 스카이워크 등이 있어요.
④ 별 보러 천문대 올라갈래? 거기서 달도 관측할 수 있대.
⑤ 길을 가는데 갑자기 어떤 할아버지가 내 얼굴 좀 보자는 거야. 자기가 관상을 보는 사람이라나?

HINT 관상 얼굴을 본다는 뜻. 얼굴의 생김새가 운명이나 인생을 결정한다고 보기 때문이에요.

6. 화음이는 위의 글을 읽고 나니 지난가을에 동물원 카페에 갔던 일이 생각났어요. 그때 엄마랑 조금 다투었거든요. 그때 썼던 화음이의 일기를 보고 동물원 카페와 영화관의 비슷한 점을 말해볼까요?

2024년 10월 13일 날씨 맑음

오늘은 엄마, 아빠랑 새로 생긴 동물원 카페에 갔다. 동물도 보고 넓은 잔디밭에서 산책도 할 수 있는 카페라고 해서 기대를 많이 하고 갔다. 엄마는 힘들게 할인 티켓을 구했다며 평소 입장료의 절반만 내고 들어갈 수 있다고 했다. 화창한 가을 날씨에 동물들을 볼 생각을 하니 기분이 너무 좋았다.

동물원 카페에 가니 강아지, 고양이, 닭, 염소, 조랑말, 타조 등 신기한 동물들이 많았다. 나는 기분이 좋아서 먹이 체험도 하고, 조랑말 타기도 했다. 한참을 놀고 있는데 갑자기 목이 말랐다. 그래서 엄마에게 음료수를 사달라고 했다. 그랬더니 엄마가 음료수 비싸서 못 사준다고 했다. 대신 집에서 싸 온 물을 마시라고 했다. 나는 딸기 주스나 망고 주스같이 달고 시원한 음료수를 마시고 싶은데 엄마는 안 된다고 했다.

엄마말로는 딸기 주스가 10,000원이나 하기 때문에 안 된다고 했다. 이미 먹이 체험에 조랑말 타기까지 하는 바람에 돈을 너무 많이 썼다고 했다. 난 너무 서운했다. 칫, 난 그냥 지금 시원한 주스가 마시고 싶었던 것뿐인데.

| 관련 교과 | 4학년 사회 정보화 사회와 첨단 기술의 발달   5학년 도덕 정보 사회와 우리의 자세

골칫거리로 전락한 전동 킥보드 ★★★☆
장점보다 단점이 지나치게 커버린 상황에서 퇴출 논의 잇따라

(가) 스마트폰만 있으면 간편하게 빌려 탈 수 있는 전동 킥보드가 등장했을 때 복잡한 도시의 교통 상황 속에서 언제든 이용할 수 있다는 장점이 부각되어 큰 인기를 끌었어요. 걷기 먼 거리를 빨리 갈 수도 있을뿐더러, 자동차를 이용하지 않아 친환경적이라는 점도 인기의 요인이었어요. 하지만, 시간이 지나면서 드러난 문제들은 ㉠이것들을 뛰어넘었어요. 예를 들어 치사율은 교통사고 100건당 사망자 수를 말하는데, 전동 킥보드의 경우 치사율이 자동차 사고에 비해 4.3배나 높다고 해요. 자동차나 보행자와의 충돌, 미끄러짐 및 운전 미숙 등으로 사고가 쉽게 일어나지만 정작 탑승자를 보호해 줄 안전장치가 없기 때문에 크게 다칠 가능성이 한 층 더 커진답니다.

(나) 도로교통공단 연구에 의하면, 사고는 주로 10대와 20대가 냈어요. 10대와 20대의 비중이 각각 32%로 10대와 20대를 합치면 전체 사고의 2/3가 될 정도예요. 더군다나 사고를 일으킨 사람들 중 1/3은 면허가 아예 없기도 했어요. 또한 1/5은 음주 상태였던 것으로 드러났을 뿐만 아니라 대다수는 헬멧을 착용하지도 않았어요. 면허가 없으면 빌리지 못하도록 해야 하지만, 전동 킥보드를 빌려주는 업체에서 검사를 제대로 하지 않다보니 면허도 없이 2~3명이 킥보드를 타고 도로를 달리는 일이 생기는 것이랍니다. 그리고 길거리나 골목에 아무렇게나 세워둔 킥보드들이 통행을 방해한다는 불만은 이미 오래되었어요.

(다) 해외에서는 이 문제를 어떻게 해결했을까요? 유럽에서 처음으로 전동 킥보드를 받아들였던 프랑스 파리는 2023년 9월, 전동 킥보드를 빌려주는 것을 완전히 금지했어요. 파리에서도 10대들의 교통사고와 사망 사고가 끊이지 않자 파리 시민들이 전동 킥보드를 금지시키자는 주제로 투표를 진행했고, 금지 의견이 90% 이상 압도적으로 나와 퇴출이 결정되었답니다. 2024년 8월에는 호주의 도시 멜버른도 전동 킥보드 사용을 전부 금지했어요. 킥보드가 보행자들을 위협할뿐더러, 쓰레기처럼 널브러진 전동 킥보드로 도로가 지저분해지는 문제가 계속 발생하자 시에서 투표를 통해 금지시켰지요.

어휘 풀이
부각 튀어나오게 조각을 새긴다는 뜻. (=두드러지게 혹은 튀어나오게)   **음주 상태** 술을 마시고 취한 상태.   **보행자** 거리에서 걸어가는 사람.   **탑승자** 탈 것에 타고 있는 사람.   **퇴출** 물러나다. 쫓겨나다.

두 글자 모두 참 자주 쓰이는 글자예요. 퇴(退)는 '물러나다, 쫓겨나다'의 의미이기 때문에 그다지 좋지 않은 뜻으로 자주 쓰이긴 하지요. 학교에서 아파서 일찍 집에 가는 조퇴(早退)라든지, 하루 일을 마치고 집으로 퇴근(退勤), 경기에서 반칙을 해서 경기장을 나가게 되는 퇴장(退場), 어쩔 수 없이 싸움에서 물러나야 할 때 후퇴(後退), 병원에 입원해 있다가 모두 나아서 집에 가는 퇴원(退院) 등등

한국어에서 '출'자가 나온다면 대부분 출(出)일 가능성이 커요. 사람이나 물건이 어딘가로 나가거나 나오는 경우가 그만큼 많거든요. 집을 나오면 가출(家出), 구해주면 구출(救出), 물건을 해외로 보내면 수출(輸出), 나가는 길은 출구(出口), 태어나는 건 세상으로 나오는 것이니 출생(出生), 선거에서 뽑히면 선출(選出) 등등 무수한 출이 있네요.

1. 위 글을 쓴 목적은 무엇일까요?

① 킥보드 교통사고 시 탑승자를 보호할 안전장치를 요청하기 위해
② 전동 킥보드를 이용할 때 면허검사를 강화해야 한다는 주장을 하기 위해
③ 해외에서 도심 킥보드 논란이 미친 영향에 대해 알아보고자
④ 도시 내에서 전동 킥보드가 일으키는 사고와 불편함에 대해 해결을 요구하고자
⑤ 전동 킥보드의 장점이 단점에 가려지는 것을 안타까워하며

2. 위 글에서 알 수 있는 내용이 아닌 것은 무엇일까요?

① 도심에서 전동 킥보드를 이용할 때 생기는 장점
② 전동 킥보드의 사고가 발생하는 경우들
③ 전동 킥보드 사고를 주로 일으키는 연령대
④ 탑승자가 전동 킥보드를 운전할 때 불편한 점
⑤ 프랑스 파리 시민들의 전동 킥보드 관련 투표의 결과

3 ㉠이것들이 가리키는 내용이 아닌 것은 무엇일까요?

① 스마트폰만 있으면 간편하게 빌려 탈 수 있다.
② 대중교통을 이용할 수 없는 새벽 시간에도 이용할 수 있다.
③ 자동차를 타지 않으니 환경 보호에 도움이 된다.
④ 걷기에는 먼 거리도 쉽고 빠르게 갈 수 있다.
⑤ 면허가 없어도 간편하게 이용할 수 있다.

HINT '이것들'에 해당하는 내용은 앞 문장에 나오겠지요.

4. (가), (나), (다) 내용을 정리해보았어요. 빈칸에 알맞은 단어를 넣어 보세요.

(가)	전동 킥보드는 복잡한 도시에서 대중교통보다 한결 간편하고 친환경적이라는 이유로 큰 인기를 끌었어요. 하지만, 사고가 났을 경우 ㅌㅁ 를 보호해줄 수 있는 안전장치가 없기 때문에 치사율이 높다는 문제가 있어요.
(나)	조사에 따르면, 10대와 20대가 주로 사고를 내는데 이들 중 1/3은 ㅁㅁㅎ 에, 1/5은 음주 상태였어요. 더군다나 대부분 헬멧을 쓰지 않았기 때문에 더더욱 위험했던 거예요. 면허 검사도 제대로 하지 않는 업체들의 문제에 더해, 아무 데나 세워놓는 킥보드로 인해 길거리 통행에 큰 불편함이 있어요.
(다)	이러한 문제에 대해 해외의 도시들은 전동 킥보드의 ㅌㅊ 을 대책으로 내놓았어요. 파리는 주민투표로 전동 킥보드를 금지시켰고, 멜버른 역시 킥보드로 생기는 문제를 더 이상 참을 수 없다며 금지시켰어요.

5. 이 글을 읽고 각자의 생각을 말해보기로 했어요. 이 중 가장 <u>엉뚱한</u> 생각을 한 친구는 누구일까요?

"안전을 위해서라도 킥보드는 없애는 것이 좋겠어. 우리 뜻을 모아보자."

"왜 헬멧을 안 쓰고 타는 거야. 음주 상태로 왜 타냐고! 단속을 확실히 해야 해."

"길거리에 널린 킥보드 좀 봐. 타는 사람만 편리하지, 나머지 사람들은 불편하잖아."

"전동 킥보드를 없앤다고 교통사고가 사라지나. 그럼 이번 기회에 자동차도 없애자."

봉이 김선달, 대동강을 팔다

옛날 평양에 봉이 김선달이라는 익살스럽고 꾀 많은 사람이 살았어요. 그는 욕심 많은 부자들을 골탕 먹이는 걸 즐겼지요. 평양에는 재산이 많지만 끝없이 욕심 많은 박 부자가 있었어요. 어느 날, 김선달은 박 부자를 찾아가 속삭였습니다.

"부자 나리, 대동강이 사실 제 개인 땅입니다. 물장사를 하실 분께 팔아 드릴까요?"

박 부자는 믿지 못하고 코웃음을 쳤지요. 김선달은 며칠 뒤 강가로 오라 하고 돌아갔습니다.

며칠 뒤, 박 부자는 호기심에 강가로 갔어요. 그런데 김선달과 미리 약속한 사람들이 강물을 쓰려 할 때마다 "남의 강물 함부로 쓰다니 돈을 내라!" 하고 소리쳤습니다. 이를 본 박 부자는 속아 넘어갔지요.

'강을 사면 평양의 모든 물장사는 내 것이구나!'

박 부자는 큰돈을 내밀며 외쳤습니다.

"좋소! 오늘부터 대동강은 내 것이오!"

김선달은 돈을 받고 유유히 사라졌습니다. 박 부자는 강가에서 돈을 내라 소리쳤지만, 사람들은 웃으며 말했어요.

"강물은 하늘이 내려주신 것인데, 어찌 사람 것이 되겠소?"

그제야 박 부자는 지나친 욕심 때문에 살 수 없는 것을 사버린 바보가 되었음을 깨달았지요. 김선달은 그 돈을 가난한 이웃들에게 나누고 홀연히 사라졌습니다.

5주차

21 [문화] 너 MBTI 뭐야? 우리 친구 할래? 94
22 [경제] 따라 사기 아니고, '디토'(Ditto) 소비입니다. 98
23 [과학] 맛있는 고기, 이제 실험실에서 얻어요. 102
24 [사회] 건물에 불이 났어요! 어떻게 해야 하지요? 105
25 [문화] 남편의 성을 따르는 게 그렇게 중요한가요? 109

21 문화

|관련 교과| 4학년 사회 정보화 사회와 첨단 기술의 발달 5학년 도덕 나를 가꾸는 생활

너 MBTI 뭐야? 우리 친구 할래? ★★★
MBTI로 취업도 하는 세상, 과연 괜찮을까?

(가) 2023년 12월, 멕시코의 한 언론은 한국의 MBTI 열풍을 소개하며, 친구 사귈 때뿐만 아니라 취업에 필요할 정도로 널리 사용되고 있다고 비판했어요. 한때 별자리나 혈액형이 성격을 판단하는 편견이 되었던 것처럼, MBTI에 대한 과몰입이 어떤 성격에 대한 차별을 불러올 수 있다고 ㉠_____. 실제로 사회관계망서비스(SNS)에 어떤 MBTI는 지원을 할 수 없다는 취업 공고문이 올라와서 논란이 되기도 했어요.

(나) MBTI는 개인의 성격을 나타내는 표시인데, 외향/내향, 감각/직관, 사고/감정, 판단/인식의 구분에 따라 16가지로 나뉜답니다. MBTI 검사는 어떤 상황에서 어떻게 행동하는지 묻는 질문들로 이루어져있어요. 질문이 끝나면 이에 대해 결과가 나오는데, 이를 자신의 MBTI로 여기고 사람들에게 말할 수 있게 돼요. 예를 들어 'ESFP'와 같은 결과가 나왔다면, 사람들과 함께 하는 것을 좋아하고, 감정도 풍부하다고 생각하는 거예요.

(다) 물론, 이런 결과는 과학적으로 아무런 의미가 없어요. 인간의 성격이 고작 16가지로 분류될 정도로 단순하지 않기 때문이지요. 게다가 대부분의 사람들은 검사를 할 때마다 결과가 조금씩 바뀝니다. 어떻게 질문을 하느냐에 따라 대답은 계속 바뀔 수 있거든요. 그럼에도 사람들은 나와 다른 사람들의 MBTI가 평생 정해진 것처럼 대화를 하고 놀리기도 합니다. 그러다 보니 한국인은 세계에서 가장 MBTI를 사랑하는 사람들이 되었답니다. 2024년 검색창에서 MBTI를 검색한 횟수를 비교해본 결과, 한국 사람들이 압도적으로 1위였다고 하네요.

어휘 풀이

열풍 몹시 사납고 거세게 부는 바람. 여기서는 큰 유행. **취업** 직업을 잡아 직장에 다니는 일.
편견 한쪽으로 치우친 생각. 잘 모른 채 '나쁘다'는 생각을 갖게 되는 것. **과몰입** 매우 깊게 빠져 들어감.
과학적 언제 어디서나 정확하고 올바른 결과를 가질 수 있는. 과학의 분야에서 인정받을 수 있는.
압도적 압도는 '눌러서 넘어뜨리다'는 뜻이지만, 실제로는 '2등과 매우 큰 차이로'라는 뜻으로 쓰여요.

 오늘의 단어

 過 지날 과  沒 빠질 몰  入 들 입

'몰입'은 깊이 파고들거나 빠진다는 뜻이에요. 흔히 '집중했다'는 의미로 자주 쓰이곤 해요. 그런데 여기에 '과(過)'가 붙으면 '매우 집중했다'가 돼요.

'과'는 크게 ①지나가다 ②지나치다(넘치다)의 뜻으로 사용되는데, 앞에 나온 '지나가다'는 '과거(過去)' 혹은 '과정(過程)'이라는 단어에서 쉽게 찾을 수 있죠. (과정은 지나가는 경로라는 뜻이에요.) 그리고 두 번째의 과(過)는 체중이 너무 많이 나갈 때 과체중, 매우 피곤할 때 과로, 너무 예민할 때는 과민, 너무 많이 살 때 과소비, 속도가 너무 빠를 때 과속과 같이 우리 일상 속에서 매우 흔하게 사용된답니다.

 내용 확인

1. 위 글의 제목으로 알맞은 것은 무엇일까요?

① MBTI의 과학적 근거 ② MBTI 검사의 좋은 점 ③ MBTI 검사받는 방법
④ 한국인의 MBTI 사랑 ⑤ 세계적인 MBTI 유행

2. ㉠에 들어갈 수 있는 표현이 아닌 것을 찾아보세요.

① 꼬집었어요. ② 우려를 표시했어요. ③ 경고하기도 했어요.
④ 지적했답니다. ⑤ 추켜세웠어요.

3. MBTI를 바라보는 시선이 다른 하나는 무엇일까요?

① 인간의 성격이 고작 16가지로 분류될 정도로 단순하지 않아.
② 같은 질문을 받아도 대답이 매번 같지 않을 걸.
③ 많은 한국인들은 이미 MBTI를 철석같이 믿고 있다고.
④ 내가 거짓말로 대답을 하면 그에 따라 또 다른 MBTI로 바뀌기도 해.
⑤ 검사를 하는 곳마다 질문이 달라서 내 답도 바뀌고, 그러다 보니 결과도 예전과 달라져.

HINT 5가지 중 4가지는 MBTI를 믿기 어렵다고 하네요!

4. (가), (나), (다) 내용을 정리해보았어요. 빈칸에 알맞은 단어를 넣어 보세요.

(가)	멕시코의 한 언론은 한국의 MBTI 유행을 소개하며, 친구를 사귀거나 취업을 할 때도 사용된다고 꼬집었어요. 이는 별자리나 혈액형으로 사람으로 알아보려고 하는 것과 마찬가지로 사회적 편견과 ㅊ ㅂ 과 같은 문제를 불러올 수 있다고 비판했어요.
(나)	MBTI는 성격을 나타내는 검사로서 4가지의 짝을 이루는 성격쌍을 통해 16가지로 구분돼요. 스스로 던진 질문을 통해 나온 결과를 가지고 자신의 성격을 말할 수 있게 돼요.
(다)	물론, ㄱ ㅎ ㅈ 으로 아무런 의미가 없음에도 불구하고, 한국 사람들은 MBTI에 큰 관심을 보이며 오늘도 대화를 이어나가고 있답니다. 한국인은 말 그대로 세상에서 MBTI를 가장 사랑하는 사람들이 되었어요.

5. 다음 중 의미가 비슷한 단어끼리 알맞게 묶인 것은 무엇일까요?

① 열풍 – 차가운 관심
② 취업 – 학교를 졸업하다
③ 편견 – 오래된 지혜
④ 과몰입 – 깊게 빠지다
⑤ 압도적 – 위협하듯

6. 다음 친구들 중 '과(課)'를 다르게 사용한 친구는 누구일까요?

① 하린: 우리 아빠는 요새 배가 이만큼 나왔다니까. 내가 맨날 과체중이라고 놀려.
② 지율: 과하다, 과해. 빨간색을 왜 이렇게 많이 칠했어?
③ 하윤: 난 헬로키티 인형을 좋아해서 진짜 많이 샀어. 엄마가 맨날 과소비라고 하지만 좋은 걸 어떡해.
④ 재령: 먼저 줄넘기 10회 하고, 앉았다 일어나기 10회 하겠습니다. 이 과정을 5번 반복하겠습니다.
⑤ 화음: 라면에 밥까지 말아먹으니 너무 배가 부르다. 나 또 과식했나 봐.

7. 어려운 문제 MBTI가 유행하기 전에는 혈액형별 성격 분석이 유행했었어요. 다음의 이야기를 읽고 혈액형과 MBTI의 비슷한 점에 대해 이야기 해볼까요?

> 담임 선생님이 점심시간이 끝나갈 즈음 2반 아이들 모두 잠시 교실에 모이라고 하셨어요. 아이들이 모두 모이자 이렇게 말씀하셨어요.
>
> "지난번에 혈액형 모두 써서 낸 거 기억하죠? 그 혈액형에 맞게 성격을 분석한 결과가 담긴 쪽지를 나눠줄게요. 각자 쪽지에 자신의 성격에 대해 적혀있을 거예요."
>
> 아이들은 궁금해 하며 각자 쪽지를 받았어요. 화음이도 쪽지를 받아서 펴보았어요. 그 쪽지에는 이렇게 적혀 있었어요.
>
> '[B형] 당신은 다른 사람이 당신을 좋아하길 바라고 있어요. 아직 사람들에게 내세울 장점이 많진 않지만, 앞으로는 더 나아질 가능성이 많아요. 가끔은 내가 친구들과 제대로 지내고 있는가 싶어서 고민할 때도 많지만, 친구들이 없으면 아마 학교가 재미없을 거예요.'
>
> 쪽지를 보고 화음이는 깜짝 놀랐어요. 진짜 자기 얘기 같았기 때문이죠. 주변의 친구들도 자기 성격을 딱 맞췄다며 너무 놀라워했어요.
>
> "다들 쪽지 다 읽어보았나요?"
>
> "네, 선생님!"
>
> "사실 여러분들에게 나눠준 쪽지에는 모두 같은 내용이 적혀 있어요. 놀랐죠?"
>
> 화음이는 너무 당황했어요. 그래서 친구들 쪽지를 보니 정말로 다 같은 내용이었어요.

22 경제

|관련 교과| 4학년 사회 사회 변화로 나타난 일상생활의 모습 5학년 사회 경제 활동과 합리적 선택

따라 사기 아니고, '디토'(Ditto) 소비입니다. ★★☆
나의 취향에 맞는 인플루언서 따라 물건을 사 볼까?

(가) 2023년 큰 인기를 얻었던 탕후루의 인기가 시들어졌다 싶더니 2024년에는 '두바이 초콜릿'이 큰 화제를 모았지요. 아랍에미리트의 한 인플루언서가 올린 영상이 갑자기 전 세계적으로 입소문을 타더니 커다란 인기를 끌게 된 것이에요. 우리나라에서도 품절대란을 겪으면서 비슷한 상품들이 시장에 쏟아졌어요. 이처럼 인플루언서나 연예인들을 따라 상품을 구매하는 것을 '디토 소비'라고 해요. 디토 소비는 남들을 따라 사는 모방 소비와는 달리, 나의 취향과 기호에 맞는 인플루언서를 따라 산다는 점이 특징이에요.

(나) 소셜 미디어가 발달함에 따라 디토 소비는 더욱더 커지고 있어요. 디토 소비가 커지는 이유에 대해 전문가들은 몇 가지 이유를 들었어요. 첫째, 시간과 노력을 아끼면서 성공적인 소비를 한다는 것이죠. 예를 들어 운동화 하나 사려고 해도 검색을 하고 이것저것 따져 봐야 하지만, 만약 내가 좋아하는 인플루언서가 신어봤더니 너무 좋다고 한다면 고민 없이 사게 되는 거죠. 평소 저 인플루언서가 어떤 식으로 물건을 입고 사는지 잘 알고 있으니까요.

(다) 두 번째로, 다른 사람과 같은 경험을 하면서 유대감과 친밀감을 높일 수 있다는 장점도 있어요. 예를 들어 영화 '인사이드 아웃'을 너무 재미나게 봤는데 학교에는 그걸 본 친구가 없다면 답답하겠지요. 하지만, 그 영화를 재미나게 본 인플루언서와 사람들이 인터넷에 함께 모여 이야기도 하고 비슷한 영화도 추천해준다면 좋은 친구를 만난 것처럼 기분이 좋을 거예요. 마지막으로, 디토 소비는 재밌어서 하는 거예요. 불닭볶음면의 인기도 처음엔 그랬어요. 그걸 먹고 괴로워하는 유튜버들을 보고 한참을 웃다가, '나도 한번 먹어 볼까.' 하는 것이지요. 호기심이 발동하면 우선 사보는 것이에요.

어휘 풀이

인플루언서 인플루언서(influencer)는 영어로 '영향을 주는 사람'이란 뜻. 실제로는 유튜브나 인스타그램, 틱톡 등에서 많은 구독자를 가진 유명인을 이야기해요. **품절대란** 물건이 다 팔리고 없어서 난리가 난 상황. **유대감** 서로 (친하게) 연결되어 있다고 느껴지는 감정. **취향** (무엇인가 하고 싶은) 마음의 방향. **기호** 즐기고 좋아함. **모방** 흉내 내기. **친밀감** 친하게 느껴지는 감정. **디토** 라틴어로 '나도 마찬가지' 혹은 '나도 역시'란 뜻이에요.

'유대(紐帶)'란 '끈과 띠'라는 뜻이에요. 그러므로, 단단하게 묶여있는 관계란 뜻을 지니지요. 그리고 마지막에 사람이 느끼는 감정을 뜻하는 '감(感)'이 붙어있으니 '우리는 서로 연결되어 있다는 느낌'을 유대감이라고 말할 수 있지요. 이처럼 뒤에 나오는 '□감'은 '～하는 느낌/감정'을 말한 답니다. 예를 들어 책임감, 자신감, 배신감, 만족감, 열등감, 예감, 호감, 쾌감, 촉감, 체감 등등이 모두 그래요.

1. 위 글의 내용과 같은 것은 ○, 내용과 다른 것은 X 표시해보세요.

① 디토 소비는 모방 소비와 비슷하게 다른 이들을 따라 소비하는 행동을 의미해요. (   )
② 디토 소비는 소셜 미디어가 발달하면서 더욱더 유행하고 있어요. (   )
③ 디토 소비의 단점이 크게 문제가 되고 있어요. (   )
④ 다른 사람과의 친밀감 형성을 위해 디토 소비를 하기도 해요. (   )

2. 다음은 위 글을 요약한 글이에요. 빈칸에 어울리는 단어를 채워 넣으세요.

최근 두바이 초콜릿이 인터넷에서 큰 인기를 얻으면서 우리나라에도 비슷한 상품들이 쏟아지고 있어요. 이처럼 자신의 ㅊㅎ 과 기호에 맞는 인플루언시를 따라 상품을 구매하는 것을 ☐☐ 소비라고 해요. 이런 소비는 소셜 미디어의 발달과 함께 더욱 커지고 있어요. 전문가들은 그 이유로 시간과 노력을 아끼면서 성공적인 소비를 할 수 있도록 돕기 때문이라고 분석하고 있어요. 또한, 다른 사람과 같은 경험을 쌓는 ㅇㄷ 감과 ㅊㅁ 감 역시 큰 요인이라고 보았어요. 그리고 그저 재미있기 때문에 따라 산다는 분석도 있었답니다.

3. 위 글에서 알 수 있는 내용이 아닌 것은?

① 두바이 초콜릿이 인기를 끄는 과정
② 우리나라에서 나온 두바이 초콜릿과 원래 두바이 초콜릿의 맛 비교
③ 디토 소비가 커지는 이유
④ 디토 소비와 모방 소비의 차이
⑤ 불닭볶음면이 인기를 얻은 이유

4. 아래 (1), (2), (3)의 소비 유형을 「디토 소비가 커지는 이유」에 알맞게 선을 이어 보세요.

(1) 파리 올림픽의 탁구 선수 신유빈 선수는 경기 중 먹방으로 유명해졌어요. 특히 종종 빨아먹었던 젤 제품이 호기심을 불러일으키며 품절대란까지 일어났어요.

•   • 시간과 노력을 아낄 수 있어.

(2) 새로 냉장고를 사야 하는데 종류가 너무 많아서 쉽게 결정을 내리지 못하고 있었던 성동구 황은영씨. 황씨는 유명 IT 인플루언서의 2024 냉장고 분석 영상을 보고 마음을 굳혔습니다.

•   • 유대감과 친밀감을 높여줘.

(3) '검정 고무신'은 오래전 만화라서 팬을 좀처럼 찾기 어렵지요. 그렇기 때문에 검정고무신 팬들은 검정고무신 이야기를 콘텐츠로 다루는 유튜버 채널에서 활동을 활발하게 이어가고 있습니다.

•   • 뭐지 저건? 재밌어 보이네.

5. 다음에 사용된 '감'의 의미가 다른 하나는 무엇일까요?

① 요새 인라인 스케이트 수업 때문에 자신감이 없어진 친구들이 있더라.
② 책임감하면 나 아니겠어? 한 번 시작한 일을 끝까지 마무리 지으려는 그 자세!
③ 오늘 저녁 뭐 먹지? 혹시 반찬감이 뭐 없을지 마트에 나가볼까?
④ 영화「사랑의 하츄핑」보고 울었다는 친구들 있더라. 그거 그렇게 감동적이야?
⑤ 이거 만져봐. 어때? 감촉 정말 좋지 않아? 부들부들, 매끌매끌.

6. 디토 소비가 좋은 점만 있는 것은 아니래요. 엄마는 디토 소비가 오히려 어린이들에게 좋지 않다며 다음과 같이 말씀(잔소리)하셨어요. 빈칸에 알맞은 단어는 무엇일까요?

"그게 너한테 진짜 필요한 게 맞아? 지금 당장 필요한 것도 아닌데 좋아 보인다고 마구 사면 어떻게 해? 왜 이렇게 소비를 함부로 하고 그래. 그게 ㄱ☐☐(이)라고. 안 사도 되는 것까지 다 사잖아. 자꾸 이러면 당분간 용돈 없어!"

HINT 너무 과하게 많이 사면 돈도 없어질뿐더러, 처리하기도 어려워요. 쌓아두기만 하고 쓰지도 못하잖아요.

23 과학

|관련 교과| 5학년 과학 생태계 평형과 보전 6학년 과학 생물과 우리 생활

맛있는 고기, 이제 실험실에서 얻어요. ★★★
배양육 기술의 발달이 동물의 희생을 줄이는 계기가 될 수 있을까?

(가) 2024년 한 해 동안 우리나라에서 도축 당한 소는 111만 마리, 돼지는 1903만 마리, 닭은 10억 2천만 마리였어요. 정말 많은 수의 가축들이 우리들의 한 끼 식사를 위해 희생되었어요. 우리는 스마트폰으로 치킨을 간단하게 배달시켜 먹을 수 있지만, 치킨이 되기 위해 닭은 좁은 닭장 속에서 32일을 커야 합니다. 닭은 원래 15년을 살 수 있지만 말이죠. 마찬가지로 소도 열심히 옥수수를 먹고 덩치가 커지면 3살이 되기 전에 도축 당합니다. 세상의 많은 사람들이 고기를 좋아하듯, 우리나라 사람들도 맛있는 고기를 참 좋아하니까요.

(나) ㉠_____ 이제는 가축들의 희생이 줄어들지 몰라요. 배양육이 등장했거든요. 배양육은 소나 돼지, 닭에서 얻어낸 세포를 인공적으로 성장시켜서 고기만 따로 얻은 거예요. 실험실에서 얻은 고기라는 편견 때문에 아직은 낯설게 느껴지지만, 2020년 싱가포르, 2023년 미국, 2024년에는 이스라엘까지 배양육 고기의 판매를 허용했어요. 우리나라에서도 독도새우 배양육을 만들어 낸 회사가 식약처의 최종 허가를 기다리고 있어요. 허가가 난다면 우리도 인공적으로 만든 새우살을 먹을 수 있게 되는 거예요.

(다) 다만 문제는 가격이에요. 2013년에 최초로 생산된 배양육 고기 패티는 손바닥만 한 크기에 4억 원이 훌쩍 넘는 가격이었어요. 물론 기술 발전과 대량 생산으로 지금은 13,000원 수준까지 낮췄다고 하지만 그래도 여전히 비싼 가격이에요. 우리가 마트에서 패티를 산다면 1장에 1,000원 정도이니 아직까지는 차이가 크죠. ㉡_____ 식감에서 부족한 면이 있는 것도 사실이에요. 전문가들은 기술이 더 발달하는 2030년쯤에는 일반 고기의 생산 비용이나 식감 역시 비슷해질 것이라 예상하고 있어요. 그때쯤 되면 우리는 마트에서 진짜 고기를 살지 배양육을 살지 고민하게 될지도 몰라요.

> **어휘 풀이**
> **도축** 고기를 얻기 위해 가축을 잡아서 죽이는 일. **희생** 다른 사람을 위해 자신의 목숨, 재산, 이익 등을 바치거나 버리는 태도. **배양** 농작물, 세포나 미생물을 기르는 일. **식약처** 식품 의약품 안전처의 약자예요. 우리나라에서 팔 수 있는 약이나 식품을 검사해서 허가해줘요. **세포** 살아있는 생물을 구성하는 가장 기초적인 단위. 우리 몸의 모든 조직과 기관들은 세포들로 이루어져 있어요. **패티**(patty) 햄버거 빵 사이에 들어가도록 동그랗게 다진 고기. **식감** 음식을 먹었을 때 입안에서 느껴지는 느낌.

사람 사는 일 중 먹는 일이 워낙 중요하다 보니 먹는 것에 관한 표현들이 정말 많아요. 그중에서 '식'은 단연 으뜸이에요. '음식 혹은 먹다'는 뜻으로 이해해보면 대부분 쉽게 뜻이 통하게 됩니다. 먹는 곳은 식당, 먹을 것은 식량, 밥 먹는 탁자는 식탁, 먹는 제품은 식품, 밥과 밥 사이에 먹는 건 간식, 많이 먹는 건 과식, 함께 배급받는 급식, 같이 밥을 먹는 사이인 식구 등등 다 잘 아는 단어들이죠?

1. 위 글에 나온 내용과 맞지 않은 것은 무엇일까요?

① 우리나라에서 한 해 동안 가장 많이 도축 당한 가축은 닭이에요.
② 싱가포르에서는 이미 2020년 배양육의 판매가 허가되었어요.
③ 치킨용 닭은 넓은 초원에서 옥수수를 먹고 커요.
④ 배양육은 실험실에서 얻은 고기라는 편견을 받고 있어요.
⑤ 배양육 패티는 아직도 진짜 고기 패티보다 10배 이상 비싸요.

2. 다음의 숫자들과 맞는 내용을 선으로 이어주세요.

1903만 •	• 많이 싸진 배양육 패티 가격
32일 •	• 2024년 한 해 동안 도축된 닭의 숫자
13,000원 •	• 닭이 원래 살 수 있는 나이
10억 2천만 •	• 2024년 한 해 동안 도축된 돼지의 숫자
15년 •	• 태어난 닭이 도축되기까지 걸리는 시간

3. 어려운 문제 ㉠과 ㉡에 들어갈 연결어로 알맞은 것은 무엇일까요?

① ㉠하물며 – ㉡하지만　　② ㉠하지만 – ㉡뿐만 아니라　　③ ㉠그렇기 때문에 – ㉡더군다나

④ ㉠그럼에도 불구하고 – ㉡하지만　　⑤ ㉠이에 더해 – ㉡그러므로

4. (가), (나), (다) 내용을 정리해보았어요. 빈칸에 알맞은 단어를 넣어 보세요.

(가)	인간의 식사를 위해 수많은 가축들이 ㅎ☐ 되고 있어요. 15살까지 살 수 있는 닭이 32일 만에 치킨이 되듯, 소도 3살이 되기 전에 덩치만 빨리 키워서 소고기로 바꾸어 버립니다.
(나)	가축에서 얻어낸 ☐ㅍ☐ 를 인공적으로 성장시킨 배양육의 등장으로 가축들의 희생이 줄어들 전망이에요. 이미 몇몇 나라에서 배양육의 판매를 허가했고 우리나라도 독도새우 배양육의 허가가 조만간 날 예정이에요.
(다)	하지만, 여전히 비싼 가격 때문에 우리가 쉽게 살 수는 없을 거예요. 하지만, 2030년이 되면 일반 고기와 비교했을 때 생산 비용이나 ㅅ☐ 에서 크게 차이가 나지 않을 것이라고 전문가들은 예상하고 있어요.

5. 위 글을 읽은 후의 친구들 반응이에요. 제대로 이해하지 못한 친구는 누구일까요?

"불쌍하게 희생되고 있는 가축들에게 좋은 소식이야."

"배양육으로 생선이나 계란도 만들면 좋겠다."

"실험실에서 만들어진다고 하니 조금 께름칙해!!"

"고기는 구워먹어야 제맛인데, 배양육이 구워질 리 없잖아."

HINT 께름칙하다 마음에 걸려서 싫은 느낌이 있다. **제맛** 본래의 진짜 맛.

24 사회

|관련 교과| **4학년 과학** 우리 생활과 물질 **5학년 실과** 생활 안전과 응급 처치

건물에 불이 났어요! 어떻게 해야 하지요? ★★★
불 속에서 안전하게 살아남는 방법들

(가) 2024년 8월 경기도 부천시의 한 호텔에서 불이 나서 7명이 숨지고 12명이 다치는 사고가 있었어요. 에어컨의 전선에서 불꽃이 튀면서 소파와 침대에 불이 붙었고, 이것이 큰불로 번진 것으로 보여요. 불이 났을 경우 자동으로 천장에서 물이 자동으로 분사되는 스프링클러도 없었던 탓에 초기에 불을 잡을 수 없었어요. 신고가 빠르게 이루어져 소방차는 불이 나고 5분 만에 도착했지만, 이미 화염과 연기가 불이 난 7층 전체를 가득 채웠어요.

(나) 그리고 대피 과정에서 에어매트로 뛰어내린 2명의 투숙객은 안타깝게도 숨지고 말았어요. 에어매트가 뒤집혔기 때문이에요. 에어매트는 사람이 높은 곳에서 뛰어내렸을 경우 떨어질 때의 충격을 흡수하여 부상을 막아주는 매트예요. 안에 공기가 가득 차 있는 대형 매트리스 같은 것인데, 앞사람이 내려간 이후에 안에 공기가 가득 찰 때까지 20~25초 정도는 ___㉠___ 기다려야 해요. 뛰어내릴 때는 양손으로 머리를 감싸고 발끝은 나란히 모은 상태에서 몸을 'ㄴ'자로 만들어서 엉덩이부터 떨어져야 해요. 또, 에어매트의 가운데로 뛰어내리지 않으면 매트가 뒤집히기 때문에 크게 다칠 수 있어요.

(다) 한편, 이번 화재에서는 화장실로 대피해서 목숨을 건진 대학생도 있었어요. 화장실의 문틈을 막고 샤워기를 틀어서 계속 물을 맞았다고 해요. 샤워기에서 물이 나올 때 함께 섞여있던 신선한 산소도 같이 공급되기 때문에 그나마 화재 연기로부터 안전했다는 것이죠. ___㉡___ 실제로는 이게 더 위험할 수 있다고 해요. 화장실에 있는 환풍기가 오히려 유독가스를 내뿜는 역할을 할 수 있기 때문에 화장실보다는 바깥과 연결되어 있는 베란다가 더 안전하다는 것이 전문가들의 공통된 의견이에요.

어휘 풀이

스프링클러 물을 뿌리는 기구. 보통 잔디에 물을 주는 데 사용하지만, 건물의 천장에 설치하여 불이 났을 경우 자동으로 물을 뿜는 자동 소화 장치로도 사용돼요. **초기** 일이 시작되는 처음의 시기. **산소** 우리가 마시는 공기 중에 21% 포함되어 있고, 산소를 통해 인간은 호흡을 할 수 있어요. **유독가스** 인간에게 독이 되는 가스. 화재 시 발생하는 일산화탄소가 대표적이에요.

待 기다릴 대 | 避 피할 피

위험한 일이 있으면 피해야지요. 그리고 피한 후에 지나갈 때까지 기다려야 합니다. 피해서 기다리기. 이게 대피(待避)입니다. 무슨 일을 기대(期待)한다고 할 때 기대 역시 무엇인가를 바라면서 기다리는 일을 말해요. 공연에서 무대 올라가기 전에 기다리는 곳을 대기(待機)실이라고 하죠.

'대'는 기다리다 뜻 외에도 누구를 어떤 식으로 대우하거나 대접할 때도 쓰여요. 예를 들면, 생일잔치에 친구를 초대(招待)하고 싶지요? 친구를 불러서 잘 대접해준다는 뜻이지요. 동물을 괴롭히면 안 돼요. 그건 '거칠고 사납게 동물을 대하는' 학대(虐待)라고요. 초등학생이라 특별한 대우를 원한다고요? 아, 그럼 특별 우대(優待)혜택을 드리겠습니다!

기다리다　대접하다/대우하다

1. 위 글에서 알 수 있는 사실이 아닌 것은 무엇일까요?

① 부천 화재에서 불이 시작된 지점
② 에어매트에 뛰어내릴 때 주의할 점
③ 최초 신고 이후 소방차의 도착 시간
④ 대학생이 대피해서 목숨을 건진 장소
⑤ 출동한 소방차의 숫자와 규모

2. ㉠에 들어갈 표현으로 알맞지 않은 것을 찾아보세요.

① 반드시　② 조바심내지 말고　③ 성급해하지 말고
④ 차분하게　⑤ 뛰어내릴 자세로

3. ㉡에 들어갈 연결어로 알맞은 것은 무엇일까요?

① 그렇기 때문에　② 뿐만 아니라　③ 이에 더해
④ 하지만　⑤ 이렇듯

4. (가), (나), (다) 내용을 정리해보았어요. 빈칸에 알맞은 단어를 넣어 보세요.

(가)	에어컨의 전선에서 시작된 화재로 큰 인명피해를 냈던 부천 호텔 화재사건은 스프링클러가 없었기 때문에 초기에 불을 잡기 어려웠던 것으로 보여요.
(나)	에어매트로 뛰어내렸으나 2명의 투숙객은 에어매트가 뒤집혔기 때문에 안타깝게 숨지고 말 았어요. 에어매트로 뛸 때는 안에 공기가 가득 찰 때까지 기다린 후에 양손으로 머리를 감싸고 몸을 'ㄴ'자 형태로 유지하면서 ⬚⬚ 부터 떨어져야 해요. 또, 에어매트가 뒤집히지 않도록 매트 가운데로 떨어지는 것도 중요해요.
(다)	화장실로 대피해서 목숨을 구한 대학생도 있었지만, 이것은 오히려 위험에 빠질 수도 있는 행동이에요. 화장실에 있는 환풍기가 ⬚⬚⬚ 를 내뿜는 역할을 할 수 있기 때문이에요. 그러므로, 화장실보다는 바깥과 연결되어 있는 ⬚⬚ 로 대피하는 것이 더 안전하다고 해요.

5. 다음에 사용된 '대' 중 의미가 다른 하나는 무엇일까요?

① 솔: 이번 주에 화음이 생일이네. 화음이가 생일파티 초대장을 나한테 줄까?
② 하윤: 반 친구들 다 부른다고 했는데. 생일 파티! 기대된다, 정말!
③ 재령: 난 정말 큰 대형 카드를 써주겠어. 이만한 종이로 말이야.
④ 유주: 화음아, 우리 집에서는 너만 특별 우대야. 엄마가 보기에 네가 제일 착한 친구라나.
⑤ 하린: 길고양이라고 그렇게 함부로 때리면 안 돼. 그건 동물 학대야

HINT 기다리거나 대접하거나, 그게 아니라면?

6. 위 글을 읽은 후의 친구들 반응이에요. 제대로 이해하지 못한 친구는 누구일까요?

"불은 언제든 날 수 있는 것이니 화재 시 대비요령을 미리 알아둬야겠어."

"난 불이 나면 바로 화장실로 도망갈 거야."

"많은 사람들이 이용하는 건물에는 스프링클러가 꼭 필요하겠어."

"우리 학교도 소방 점검을 꼼꼼히 해야겠네."

추가자료

화재 시 주의사항 반드시 알아두세요!

- 엘리베이터 말고 반드시 계단을 이용하세요. 아래층으로 가는 것이 우선. 그렇지 못할 때는 옥상으로.
- 불길과 연기가 심할 때는 물에 적신 수건 등으로 입과 머리를 가려주세요.
- 손잡이를 만질 때 뜨거운지 반드시 확인해보아야 해요. 그리고 문을 열고 나온 후에는 반드시 닫아야 해요.
- 평소 소화기와 완강기 사용법을 미리 알고 있어야 해요.
- 에어매트는 최후의 수단이에요. 비상계단이나 완강기를 이용하여 최대한 낮은 곳까지 이동 후에 사용해야 해요. 5층 이상의 높이에서는 안전을 보장할 수 없답니다.

25 문화

|관련 교과| **3학년 사회** 가족의 모습과 역할 변화 **4학년 사회** 다양한 문화에 대한 이해와 존중

남편의 성을 따르는 게 그렇게 중요한가요? ★★★★
전통이라는 이유로 불편함과 상관없이 이어지고 있어

　(가) 일본은 영국이나 미국과 같은 서양 나라들과 마찬가지로 결혼을 하면 여성이 남성의 성을 따르는 부부동성제를 가지고 있어요. 심지어 세계에서 유일하게 법으로 반드시 그래야 한다고 정해 놓고 있지요. 130여 년 전에 만들어진 제도가 전통처럼 굳어져서 아직도 내려오고 있는 것이죠. 그래서 2024년에는 500년이 지나면 일본인의 모든 성씨가 가장 흔한 성씨인 '사토'가 될 것이라는 연구가 나오기도 했어요. ＿＿㉠＿＿ 최근 총리 선거에서 부부별성제를 주장하던 후보가 이로 인해 떨어지기도 했어요.

　(나) 학자들은 남편의 성을 따르는 것은 가부장적인 관습 때문이라고 봐요. 과거에는 여성의 권리를 인정하지 않아서 결혼 전에는 아버지, 결혼 후에는 남편 성을 따랐어요. 미국과 영국 등에선 결혼을 할 때 어떤 성을 사용할지 선택할 수 있지만, 미국은 79%가 영국은 70% 정도가 그냥 남편의 성을 따라요. 일본은 무려 97%가 남편의 성을 따른다고 해요. 성이 바뀌면 운전면허증이나 은행 통장, 신용카드의 이름도 모두 바꿔야 하고, 회사나 학교를 다니다가도 갑자기 성이 바뀌는 경우가 생기게 되지요. 이처럼 불편한 점이 많음에도 불구하고 전통이라는 이유로 그냥 지켜지고 있는 거예요.

　(다) ＿＿㉡＿＿ 한국이나 중국, 스페인, 이탈리아와 라틴 아메리카 국가들 같은 경우는 결혼을 해도 성을 바꾸지 않아요. 대신, 스페인이나 이탈리아 혹은 라틴 아메리카의 국가들은 아버지, 어머니 이름을 모두 담아서 쓴답니다. 이렇게 성을 바꾸지 않는 경우는 개인보다 혈연이 중심이 된 가족 집단을 중요하게 여기기 때문이에요. 여성이 결혼을 한다 하더라도 여전히 어느 집안의 딸이라는 것이 중요한 것이죠. 그래서 우리나라에는 어떤 다짐을 할 때 '무엇을 다시 한다면 내 성을 간다.'는 표현이 있을 정도이죠. 성을 바꾸는 일을 치욕적인 일이라고 본 것이죠.

> **어휘 풀이**
> **부부동성제** 부부가 같은 성(同姓: 동성)을 쓰는 제도예요. 보통은 여자가 남편의 성을 따르는 제도.
> **총리** 일본이나 영국에서는 한국의 대통령과 같은 역할로서 정부를 지휘해요.　**가부장제** 집안의 일을 결정하고 지휘하는 역할을 아버지가 한다는 뜻이에요.　**전통** 예로부터 내려오는 생각이나 풍습.　**혈연** 같은 핏줄에 의해 연결된 인연. 부모와 자식, 형제 관계.　**치욕** 수치와 치욕.(수치스러운 일+욕을 먹는 일)

傳 전할 전 | 統 거느릴 통

전(傳)은 원래 기차나 전철을 타는 역(station)이란 뜻이었대요. 옛날엔 소식을 전하기 위해 역에 가서 말을 빌리거나 마차를 타고 다음 역으로 이동했으니 '전달하다/옮기다'의 뜻을 지니게 된 것이지요. 그래서 전(傳)은 앞이나 뒤에 붙더라도 모두 옮겨지는 것에 관한 뜻이 돼요.

그래서 병이 옮겨지면 전염(傳染), 오래된 이야기면 전설(傳說), 예로부터 내려오는 이야기면 전래(傳來) 동화, 물건이나 이야기를 전하면 전달(傳達), 자기가 쓴 자기 이야기는 자서전(自敍傳), 위대한 인물들의 이야기가 전해지면 위인전(偉人傳), 아빠나 엄마의 체질이나 모습 등이 전해지면 유전(遺傳)이 된답니다.

1. ㉮, ㉯, ㉰ 중 위 글의 내용과 맞는 것에 동그라미 쳐보세요.

(1)	일본이나 영국은	㉮ 여성이 남성의 성을 따르는 ㉯ 남성이 여성의 성을 따르는	부부동성제를 가지고 있어요.
(2)	남편의 성을 따르는 비율로 보면	㉮ 미국　㉯ 영국　㉰ 일본	이 가장 높아요.
(3)	우리나라는	㉮ 개인보다 가족 집단을 더 중시하기 때문에 ㉯ 가족 집단보다 개인을 더 중시하기 때문에	부부가 각자의 성을 가져요.

2. ㉠과 ㉡에 들어갈 연결어로 알맞은 것은 무엇일까요?

① ㉠더구나 – ㉡이와 마찬가지로　② ㉠또 – ㉡그렇기 때문에　③ ㉠심지어 – ㉡이에 비해
④ ㉠그러므로 – ㉡그래서　⑤ ㉠이와 달리 – ㉡뿐만 아니라

3. 다음 [보기]의 나라들을 성씨의 결정 방법에 따라 구분해보세요.

| [보기] | 일본 | 미국 | 영국 | 스페인 | 이탈리아 | 한국 |

남편의 성을 따르는 나라	남편의 성을 따르지 않는 나라	
	각자의 성을 쓰는 나라	아버지, 어머니 이름을 모두 쓰는 나라

4. (가), (나), (다) 내용을 정리해보았어요. 빈칸에 알맞은 단어를 넣어 보세요.

(가)	일본은 세계에서 유일하게 결혼하면 남편의 성을 따르도록 하는 부부동성제를 ㅂ 으로 정해 놓고 있어요. 이에 따라 성씨가 점차 사라진다는 연구가 나오기도 하고, 이를 반대하는 총리 후보가 선거에서 떨어지기도 했어요.
(나)	부부동성제는 ㄱ 적인 관습으로 인해 생겨난 것이라고 해요. 결혼 후 성이 바뀌어야하기 때문에 사회생활을 하는 데에 있어 불편함이 있지만, 전통이라는 이유로 미국이나 영국, 일본 등에서 여전히 지켜지고 있는 상황이에요.
(다)	한국이나 중국, 스페인이나 이탈리아 같은 나라들은 결혼을 해도 성을 바꾸지 않아요. 이런 경우는 개인보다 ㅎ 이 중심이 된 가족 집단을 중요하게 여기기 때문이에요. 우리나라는 다짐을 할 때 '성을 간다'는 표현이 있을 정도로 성을 바꾸는 일을 치욕으로 여겼어요.

5. 다음 대화 중에서 '전'을 다른 의미로 사용한 친구는 누구일까요? (　　　)

> **하윤** (콜록, 콜록) 아, 감기 옮았나봐. 요새 기침 감기 전염이 심하다더니 나도 걸렸나 봐.
> **하린** 이런, 조심해야 해. 마스크 꼭 쓰고. 나도 기관지가 약한 게 유전이라 항상 조심하거든.
> **화음** 아, 그러고 보니까 자두는 감기에 절대 걸리지 않는다고 하던데. 그래서 우리 학교의 전설이라고 그러더라. 감기에 안 걸린 지 벌써 몇 년 됐대.
> **시연** 나도 전해 들었어. 평소에 열심히 운동을 해서 그런가. 엄청 튼튼하잖아, 자두는.
> **유빈** 맞아, 그래서 다음에 전교 회장 나온다고 하면 난 자두 찍어줄 거야.
> **모두들** 뭐라고?! (웃음)

HINT 기관지 숨이 들어와서 폐로 이어지는 길이 있는 부위. 기관지가 약하면 이 부위에 염증이 쉽게 생긴다.

6. 어려운 문제 위 글을 읽고 화음이는 다음과 같은 생각을 했어요. 어느 부분을 보고 이런 생각을 한 것일까요?

"전통이 이렇게나 사람들에게 미치는 영향력이 크구나.
살면서 불편함이 있어도 전통을 지키는구나."

| 개인보다 가족 집단을 중시하는 나라에서는 결혼 후에도 성을 유지한다. | 한국에서 '성을 간다'는 표현은 강한 다짐을 뜻해요. | 미국은 법이 따로 없지만 79%의 사람들이 남편의 성을 따른다. |

까마귀와 비둘기

옛날 숲 속 마을 근처에 까마귀 한 마리가 살았어요. 검은 깃털을 가진 까마귀는 자유롭게 날 수 있었지만, 마을 연못가의 하얀 비둘기들을 부러워했지요. 사람들에게 사랑받고 먹이도 받는 비둘기를 보며 까마귀는 생각했어요.

"나도 저렇게 하얗다면 사람들에게 귀여움을 받을 텐데…"

그래서 까마귀는 숲에서 흰 깃털 몇 개를 주워 몸에 붙였어요. 멀리서 보면 얼핏 비둘기처럼 보였지요.

까마귀는 거울을 보며 흐뭇해하며 연못가로 날아갔습니다.

처음엔 비둘기들이 궁금해하며 바라보았지만, 가까이 오자 까마귀의 목소리와 걸음이 달라 금세 눈치챘어요. 억지로 흉내를 내도 소리는 거칠고 어색했지요. 비둘기들은 외쳤습니다.

"저건 우리와 다른 새야! 흰 깃털만으로 비둘기가 될 순 없어!"

결국 까마귀는 쫓겨났습니다.

숲으로 돌아가자, 이번에는 까마귀 무리도 그를 외면했어요.

"너는 우리를 버리고 비둘기가 되려 했잖아!"

홀로 나무에 앉아 깊은 한숨을 쉬며 까마귀는 깨달았어요.

"내 깃털은 검지만, 그것이 나만의 모습이었어. 남을 흉내 내려 한 게 잘못이었구나."

그 뒤로 까마귀는 다시 남을 흉내 내지 않고, 자기 모습 그대로 살기로 했답니다.

6주차

26 [환경] 우리가 먹다 버린 음식물 어디로 가나요? 115

27 [경제] 저 이제 초콜릿 못 먹게 되나요? 118

28 [경제] 럭셔리 마케팅에 한번 속아볼까요! 121

29 [문화] 한국 양궁, 올림픽의 역사를 새로 쓰다. 125

30 [환경] 가로수가 꼭 닭발 같아요. 129

26 환경

|관련 교과| 3학년 사회 날씨와 환경 보호   5학년 과학 생물과 환경   6학년 과학 에너지와 생활

우리가 먹다 버린 음식물 어디로 가나요? ★★★★
98%의 재활용률 뒤에 숨겨진 씁쓸한 이야기

　(가) 2024년 8월 미국 일간지 워싱턴포스트가 우리나라 사람들이 쓰레기를 버리는 방법에 대한 기사를 썼어요. 한국은 음식물 쓰레기의 98%를 가축 사료와 퇴비, 바이오가스 등으로 재활용한다는 사실을 이야기하며, "이것이 전 세계에 무엇을 가르쳐줄 수 있는가?"하고 물었어요. 워싱턴 포스트에 따르면, 전 세계에서 음식물 쓰레기 처리 시스템을 갖춘 나라가 몇 되지도 않는데 그중에서도 한국은 매우 모범적인 국가예요.

　(나) 미국 음식물 쓰레기 재활용률은 40%에 불과해요. 달리 말해 미국인 1명이 1년에 만들어내는 음식물 쓰레기 137kg 중 60%가 고스란히 땅에 묻혀요. ＿㉠＿ 한국은 20여 년 전부터 음식물 쓰레기 매립을 금지하고 음식물 쓰레기와 일반 쓰레기, 재활용품의 분리배출을 의무화해 재활용률 98%를 달성했다고 설명했어요. 더군다나 아파트에서는 음식물 쓰레기의 무게에 따라 비용을 분담하게 하는 종량제를 실시하고 있으며, 일반 주택에 살더라도 음식물 쓰레기봉투를 사서 버려야 한다고 전했어요. ＿㉡＿ 워싱턴 포스트가 살피지 못한 부분도 있어요.

　(다) 알고 보면 음식물이 제대로 재활용되기가 쉽지 않거든요. 우리가 먹고 버린 음식물은 가축의 사료로 40%, 그리고 농작물의 퇴비로 35% 정도 재활용되는데 효과가 좋지 못해요. 음식물 쓰레기로 만든 사료를 돼지에게 먹일 경우 돼지고기에서 좋지 않은 냄새가 나서 차마 팔 수 없다고 하네요. 또한 퇴비로 사용할 경우 오히려 땅을 썩게 만들어서 농민들에게 외면을 받고 있는 실정이고요. 음식물 쓰레기를 재활용 한다고 하더라도 이런 문제를 극복하기 어렵기 때문에 처음부터 음식물 쓰레기를 줄이는 것이 중요해요. 한국인 1명이 1년에 만들어내는 음식물 쓰레기의 양은 무려 95kg이거든요.

어휘 풀이

퇴비 농작물을 잘 자라게 하기 위해 풀이나 가축의 똥오줌을 썩힌 거름.　**바이오가스** 미생물 등을 이용하여 만든 연료용 가스.　**의무화** 반드시 해야 하는 것으로 만듦.　**모범** 본받아 배울 만한 대상.　**종량제** 무게나 양에 따라 이용 요금을 매기는 제도.　**극복** 어떠한 어려움이나 고생을 이겨내는 일.

克 이길 극 服 옷 복

복(服)은 원래 처음에 만들어졌을 때는 그릇 앞에 무릎을 꿇고 앉아있는 사람의 모습이었대요. 즉, 하인이나 노예와 같은 의미로서 '복종하다', '지시를 따르다'와 같은 뜻이었다는 거죠. 복종은 말 그대로 '남의 명령을 그대로 따르다'는 뜻이니 같은 내용이겠지요? 그런데 이게 나중엔 옷이 돼요. 하인이나 노예가 나를 지키는 것처럼 옷도 나를 보호하기 때문이라고 해요.

복(服)은 옷으로 사용된 경우가 더 많아요. 교복, 태권도 도복, 내복, 아동복, 체육복, 제복, 한복, 양복 등등 온갖 옷을 다 부를 수 있어요. 이에 반해 '복종'에 관한 단어들은 위에 나온 극복 즉, 어떤 어려움을 이겨내는 것을 말하죠. 힘이 모자라기 때문에 복종할 수밖에 없는 굴복(屈服), '제가 졌어요, 제가 항복(降服)할게요.'라고 말할 때의 항복 등은 무릎을 꿇고 명령을 기다린다는 원래 뜻에 가까워요.

옷   복종하다 / 따르다

내용 확인

1. 위 글의 내용과 맞지 않은 것은 무엇일까요?

① 미국 사람들이 한국 사람들보다 음식물 쓰레기를 더 많이 버린다.
② 미국의 음식물 쓰레기 재활용률은 60%이다.
③ 우리나라에 살면 음식물을 버리는 데에 비용을 부담해야 한다.
④ 한국은 음식물 쓰레기 재활용에 있어 매우 모범적인 국가이다.
⑤ 한국의 음식물 쓰레기는 가축의 사료로 가장 많이 재활용된다.

2. ㉠과 ㉡에 들어갈 연결어로 알맞은 것은 무엇일까요?

① ㉠그렇기 때문에 – ㉡하지만   ② ㉠하지만 – ㉡그래서   ③ ㉠그렇기 때문에 – ㉡그리고
④ ㉠이와 달리 – ㉡그렇지만   ⑤ ㉠즉 – ㉡그래서

3. (가), (나), (다) 내용을 정리해보았어요. 빈칸에 알맞은 단어를 넣어 보세요.

(가)	워싱턴포스트는 한국의 음식물 쓰레기 재활용율이 98%에 이른다는 사실을 칭찬하며, 세계에서 음식물 쓰레기 재활용에 있어 매우 ㅁ□ 적인 국가라는 사실을 이야기했어요.
(나)	미국의 재활용률이 40%에 불과한 것과 달리 한국은 20여 년 전부터 음식물 쓰레기 매립을 금지하고 재활용 분리배출을 의무화하는 등의 제도를 통해 재활용률 98%를 달성했다고 설명했어요. 또한, 무게에 따라 비용을 매기는 ㅁㅁㅈ 처럼 쓰레기를 버리는 데에도 돈이 든다고 전했어요.
(다)	하지만, 워싱턴포스트가 제대로 살피지 못한 부분이 있는데 이는 음식물 쓰레기의 재활용이 효과적이지 않다는 것이에요. 음식물 쓰레기로 만든 ㅅ□ 나 ㅌ□ 를 실제로 사용하기에는 불편한 점이 많기 때문이에요. 그렇기 때문에 재활용보다는 처음부터 음식물 쓰레기를 줄이는 것이 더욱 중요할 거예요.

4. 위 글을 쓴 목적으로 알맞은 것은 무엇일까요?

① 다른 나라들도 한국을 본받아 쓰레기 재활용에 나서야 한다고 주장하기 위해
② 한국과 다른 나라의 쓰레기 재활용 정책을 비교하기 위해
③ 음식물 쓰레기 종량제 제도가 가지는 문제점에 대해 알리기 위해
④ 음식물 쓰레기를 줄이는 것이 재활용보다 중요하다는 것을 알리기 위해
⑤ 음식물 쓰레기를 재활용하여 퇴비를 만들 경우 생기는 문제를 지적하기 위해

생각하기

5. 위 글을 읽고 음식물 쓰레기를 줄이는 방법에 대해 각자의 생각을 말해보기로 했어요. 이 중 가장 엉뚱한 생각을 한 친구는 누구일까요?

① 범준: 난 식당에서 안 좋아하는 반찬은 주지 말라고 미리 말할 거야.
② 솔: 난 처음부터 먹을 만큼만 요리할 거야.
③ 하린: 음식 간을 약하게 해야 건강에 좋아.
④ 유찬: 밥을 남기지 말고 깨끗이 먹자.
⑤ 화음: 뭐든 싸다고 많이 사지 말고, 먹을 만큼만 사야 해.

27 경제

|관련 교과| 3학년 사회 날씨와 환경 보호 4학년 사회 경제 활동과 합리적 선택

저 이제 초콜릿 못 먹게 되나요? ★★★★
코코아 가격이 역사상 최고 가격을 기록해

　(가) 2024년 4월 19일 1톤당 코코아 매매 가격이 11,700달러를 넘었어요. 1년 전 같은 날 가격이 3,000달러가 되지 않았던 것을 생각하면 1년 만에 3배가 넘게 오른 거예요. 지금까지 코코아가 거래된 이후로 가장 높은 가격이 되었다고 해요. 코코아 가격이 왜 문제가 되냐고요? 코코아가 초콜릿을 만드는 재료거든요. 사람들이 흔하게 먹는 초콜릿, 초코우유, 핫초코, 과자 및 각종 케이크 등을 만드는 데에 들어가는 재료비가 3배가 되었다는 뜻이지요. 실제로 국내 제과업체들은 초콜릿 관련 상품들의 가격을 올릴 수밖에 없었어요.

　(나) 코코아 가격이 오른 이유는 몇 가지가 있겠지만, 가장 큰 것은 카카오나무의 60%가 재배되는 서아프리카의 두 나라, 코트디부아르와 가나에 폭우가 쏟아진 데에 있어요. 2023년의 폭우로 인해 '검은 꼬투리병'이란 곰팡이 감염병이 생겨났어요. 이 병에 걸린 카카오나무가 늘어나자 카카오 열매의 수확량도 줄어들기 시작했어요. 이렇게 나무들이 병들었으니 빨리 치료를 해야 하잖아요. 하지만, 가나의 농민 1명이 열심히 농사를 지어도 벌 수 있는 하루 소득이 우리나라 돈으로 2,000원 정도에 불과해서 그 돈으로는 새 나무를 살 수도, 나무 치료를 할 수도 없어요.

　(다) 그래서 가나의 정부에서는 카카오의 매입 가격을 매년 꾸준히 올려요. 농민들이 좀 더 많은 소득을 얻을 수 있도록 말이에요. ㉠ 실제로 카카오 농민들이 가난을 벗어나지는 못했어요. 벌기는 했지만, 그만큼 가나의 물가가 많이 올라갔거든요. 이것을 '인플레이션(inflation)' 혹은 '물가상승'이라고 해요. 비료나 살충제, 인건비와 식료품비, 교육비 등등 모든 물가가 매해 올라가는 상황에서 정부가 카카오 가격을 더 후하게 쳐준다고 하더라도, 결국은 언제나 비슷하게 어려운 상황인 것이죠.

어휘풀이
1톤 1,000kg을 1톤이라고 해요.　**매매** 팔고 삼 (=거래)　**매입** 물건을 사들임. 가나 정부에서는 생산된 카카오를 정해진 가격에 모두 사서 직접 수출해요.　**인플레이션** 물가 상승이지만, 반대로 생각하면 돈의 가치가 떨어지는 것이기도 해요. 돈이 흔해지면 가치가 떨어지고 1,000원으로 살 수 있는 물건의 양이 줄어드는 것이니 소득이 오히려 줄어든 것처럼 느껴질 수도 있답니다.

賣 팔매 　 買 살매

산다는 뜻의 매(買)는 그물로 조개(貝)를 걷어 올리는 모습을 그리고 있어요. 조개가 곧 물건을 살 수 있는 돈이었으므로 그물 안의 돈으로 물건을 살 수 있다는 뜻이 된 거죠. 처음엔 이 글자만으로 사는 일과 파는 일 모두 사용했는데 사회가 복잡해지면서 파는 일을 따로 구분하게 되었죠. 그래서 밖으로 물건을 보낸다는 뜻의 출(出)을 위에 붙여서 판다는 뜻으로 만들었대요. 한자는 그렇지만, 한글은 둘 다 '매'라고 말할 뿐이라서 구분하기가 좀 더 어렵겠죠?

판다는 '매(賣)'
- 물건이 다 팔린 매진
- 상품을 파는 판매

산다는 '매(買)'
- 사는 일인 구매 (=구입)
- 미리 사놓는 예매

내용 확인

1. 위 글의 내용과 같은 것은 ○, 내용과 다른 것은 X 표시해보세요.

① 코코아 가격은 1년 만에 3배 넘게 올랐어요. (　　)
② 코코아 가격의 상승에 따라 국내 제과업체들도 가격을 올릴 수밖에 없었지요. (　　)
③ 가나 정부가 매입 가격을 꾸준히 올리고 있기 때문에 농민 소득이 줄었어요. (　　)
④ 인플레이션은 물가가 점점 내려가서 사람들이 가난해지는 현상을 말해요. (　　)

2. 다음의 표현들을 수정해볼 거예요. 가장 어울리지 <u>않는</u> 것은 무엇일까요?

① 넘었어요. → 돌파했어요.
② 오른 거예요. → 상승한 거예요.
③ 줄어들기 시작했어요. → 감소하기 시작했어요.
④ 정도에 불과해서 → 수준이 고작이라
⑤ 후하게 쳐준다. → 낮게 지불한다.

3. ㉠에 들어갈 연결어로 알맞은 것은 무엇일까요?

① 그래서　　　　② 이와 함께　　　　③ 뿐만 아니라
④ 하지만　　　　⑤ 그렇기 때문에

4. 다음의 상황이 벌어진 원인을 선으로 연결해보세요.

카카오 열매의 수확량이 급격히 줄어든 일. • 　　　　 • 코코아 거래 가격이 작년에 비해 3배가 올라서

국내 제과업체들이 초콜릿 관련 상품들의 가격을 일제히 올린 일. • 　　　　 • 코트디부아르와 가나에 폭우가 내린 후 검은 꼬투리병이 퍼져서

카카오 매입 가격이 꾸준히 올라감에도 불구하고 가나의 카카오 농민들이 여전히 가난한 이유. • 　　　　 • 소득이 높아졌지만 가나 물가도 같이 올라서

5. 어려운 문제 다음에 사용된 '매' 중에서 의미가 <u>다른</u> 하나는 무엇일까요?

> **화음** 하윤아, 여기 <u>매</u>점 있다. 여기서 아이스크림 하나 사 먹고 가자. … ①
> **하윤** 화음아 어쩌지? 여기 아이스크림 다 팔렸대. 자 봐, 아이스크림 <u>매</u>진. … ②
> **화음** 아니, 물건을 파는 <u>매</u>장에 물건이 없다니. 아우, 정말. … ③
> **하윤** 아이스크림을 예<u>매</u>라도 해야 하나. … ④
> **화음** 어디 또 찾아보자. 아, 저기 아이스크림 무인판<u>매</u>점이야. … ⑤

HINT '산다'는 의미로 쓰인 '매'가 하나 있답니다.

28 경제

|관련 교과| **4학년 사회** 필요한 것의 생산과 교환   **5학년 도덕** 물질적 가치와 내면적 가치 구분하기

럭셔리 마케팅에 한번 속아볼까요! ★★★★
5년 된 커피 상표도 100년 된 커피 상표처럼

(가) 2024년 8월, 서울의 강남구 청담동에 바샤(Bacha) 커피 국내 1호점이 생겼어요. 바샤 커피는 세계 최고급의 커피를 자부하며 고가의 가격 정책을 쓰는 것으로 유명한 커피예요. 바샤 커피에서 파는 커피 중 가장 비싼 커피는 한 잔에 48만 원에 이를 정도예요. 일반적인 커피, 흔히 우리가 아메리카노라고 부르는 커피를 매장에서 마실 경우 1만 6000원을 내야 해요. 만약 밖으로 들고 나가서 마실 경우는 1만 1000원이에요. 2000원짜리 저가 커피에 비하면 5~8배 가격이죠.

(나) 바샤 커피는 모로코 궁전의 카페였던 '다르엘 바샤(Dar el Bacha)'의 모습, 예를 들어 화려한 실내 장식이나 벽면 색상과 타일 무늬 등을 그대로 재현해냈어요. 그래서 바샤 커피는 유독 '1910'이라는 숫자를 강조하는데, 이것은 다르엘 바샤가 지어진 연도예요. 처음 와본 사람은 1910년대의 모로코의 궁전에 들어와 있는 것과 같은 착각을 하게 돼요. 손님은 가만히 앉아서 점원들이 제공해주는 서비스를 편하게 받기만 하면 돼요. 직접 손님이 주문하고 커피를 받아서 자리에 앉는 일반적인 카페의 운영 방식과는 차이가 크죠.

(다) 이처럼 고급스러움을 강조하면서 높은 가격을 매기는 홍보 방식을 '럭셔리 마케팅'이라고 해요. '우리 상품은 정말 명품이야. 그러니 비싼 값을 받을 수 있어.'라고 스스로 내세우는 셈이죠.
___㉠___ 공정거래위원회는 바샤 커피에 대해 표시광고법을 위반했다는 의혹을 갖고 조사에 나섰어요. 바샤 커피가 강조하는 '1910'이라는 연도 때문에 소비자들이 바샤 커피를 100년도 넘은 모로코의 커피 상표로 오해할 수 있게 했다는 것이에요. 실제로는 2019년에 싱가포르 회사에서 만든 커피 브랜드거든요. 1910년도 아니고, 모로코도 아니니 소비자들을 일부러 속인 것이 아닌가 하고 조사에 나선 것이죠.

어휘 풀이

자부 자기 자신에 대해 가치나 능력을 믿고 마음을 당당히 하는 일.   **고가** 높은 가격.   **명품** 이름난 물건. 고급스러운 물건.   **럭셔리 마케팅** 럭셔리(luxury)는 호화롭고 사치스럽다 뜻이에요. 마케팅(Marketing)은 '상품을 사람들에게 알리는 일'이에요. 그러므로 사람들에게 고급스러운 상품이라고 알리는 일이라는 의미.   **공정거래위원회** 물건을 만들어 파는 일이 올바르게 되었는지를 감시하는 기관이에요.

이름을 나타내는 '명(名)'은 매우 흔하게 사용되는 글자예요. 일반적으로는 성명(姓名)이나 별명(別名)과 같이 이름 그대로를 뜻하는 경우가 많지만, '유명한/이름이 널리 알려진'이란 뜻으로 사용할 때도 많답니다. 물론, 이 경우에도 이름에서 비롯된 의미이긴 하지만, 명곡(名曲)은 '이름 노래'가 아니라 '유명한 노래'란 뜻이 되는 것이죠. 이처럼 글자 앞에 명(名)이 붙을 경우 '유명한/널리 알려진'이란 뜻이 되어 다양하게 활용이 된답니다.

이름   유명한/널리 알려진

1. 위 글에서 알 수 있는 사실이 아닌 것은 무엇일까요?

① 바샤 커피 국내 1호점의 생긴 지역 ② 바샤 커피 중에서 가장 비싼 커피 한 잔의 가격
③ 바샤 커피에 대한 사람들의 반응   ④ 바샤 커피와 다른 카페와의 운영 방식의 차이점
⑤ 바샤 커피를 처음 만든 나라

2. ㉠에 들어갈 연결어로 가장 잘 어울리는 것은 무엇일까요?

① 하지만   ② 이와 같이   ③ 뿐만 아니라
④ 그래서   ⑤ 그리고

3. 어려운 문제 다음의 홍보 문구 중 '럭셔리 마케팅'의 예시로 알맞은 것은 무엇일까요?

① 놀이 공원 – "여기는 지구에서 가장 행복한 곳"
② 강원도 관광지 – "여행의 힘을 믿으세요. 당신은 강합니다."
③ 장난감 회사 – "아이들의 세계는 세계보다 크다."
④ 세탁기 회사 – "우리는 세탁기의 크기를 키운 것이 아닙니다. 깨끗함의 크기를 키웠습니다."
⑤ 안마 의자 회사 – "아무나 가질 수 없는 단 하나의 안마 의자. 당신의 가치를 올려드립니다."

4. (가), (나), (다) 내용을 정리해보았어요. 빈칸에 알맞은 단어를 넣어 보세요.

(가)	지난 8월 강남구 청담동에 바샤 커피 1호점이 새로 문을 열었어요. 세계 최고급의 커피를 ㅈ☐하는 바샤 커피는 저가 커피의 10배에 이르는 가격일 만큼 고가의 정책으로 유명해요.
(나)	바샤 커피는 '다르엘 바샤'라는 모로코 궁전의 카페를 ㅈ☐ 해낸 카페예요. 1910년 당시 카페의 실내 장식이나 색상으로 인해 모로코의 궁전 카페에 들어와 있는 착각을 불러일으킨답니다. 손님들은 그저 앉아서 편안히 서비스를 제공받으면 돼요.
(다)	이와 같은 럭셔리 마케팅에 대해 공정거래위원회는 광고가 소비자들을 속인 것일 수도 있다는 ☐☐을 갖고 조사에 나섰어요. 1910을 강조한 덕분에 사람들은 바샤 커피를 100년 넘은 역사를 가진 모로코 커피 브랜드로 오해할 수 있기 때문이에요.

5. 다음에 사용된 '명' 중에서 그 의미가 다른 하나를 찾아보세요.

> **화음** 여기 방명록 있네. 여기에 이름 쓰고 들어가는 건가 봐. … ①
>
> **하윤** 엥? 전시회인데 방명록을 써야 한다고? 신기하네.
>
> **화음** 난 송채린이라고 써야지.
>
> **하윤** 뭐야 화음아 이름 바꿨어? 개명이라도 한 거야? … ②
>
> **화음** 하하, 아니야. 이거 별명이야. 직접 지은 별명. … ③
>
> **하윤** 뭐야, 깜짝 놀랐네. 앗, 화음아 거기는 이름 쓰는 칸 아니야. 여기다 써야지. 성명이라고 써있는 여기. … ④
>
> **화음** 알았다고. 아니 근데 하윤아 너 글씨 진짜 잘 쓴다. 이렇게 글씨 잘 쓰는 사람을 뭐라고 하더라. 음.
>
> **하윤** 아, 명필이라고? … ⑤
>
> **화음** 맞아. 명필. 글씨 진짜 잘 쓴다.

HINT 개명 이름을 바꿈. **방명록** 방문을 기념하기 위해 이름을 남기는 노트.

6. 위 글을 읽고 화음이는 다음과 같이 생각했어요. 어떤 부분을 보고 이런 생각을 하게 되었을지 동그라미 쳐보세요.

"광고를 있는 그대로 믿을 수는 없구나."

| 커피 한 잔의 가격이 저가 커피의 10배에 달한다. | 바샤 커피는 1910년이 아니라 2019년에 싱가포르에서 만들어졌다. | 사람들은 명품에 대해 비싼 값을 지불할 수 있다고 생각한다. |

29 문화

|관련 교과| 5학년 도덕 공정한 규칙을 지키는 생활

한국 양궁, 올림픽의 역사를 새로 쓰다. ★★★★
공정한 선발 과정과 체계적인 지원이 금메달을 일궈내

(가) 한국 양궁이 우려를 지우고 2024 파리 올림픽에서 5개의 올림픽을 싹쓸이했어요. 심지어 여자 단체전의 경우 1988년 올림픽에 양궁 단체전이 생긴 이래로 10회 연속으로 금메달을 따낸 것이라 그 의미가 더욱 깊었어요. 이로써 한국은 세계가 인정하는 양궁의 최강국으로 우뚝 섰어요. 프랑스 현지 신문들도 한국은 너무 강했다며 여러 소식을 전했어요. 그러면서 한국 양궁이 강한 이유에 대해 여러 분석을 내놓았어요.

(나) 무엇보다 가장 큰 이유로 꼽힌 것은 양궁 인재를 뽑기 위해 지켜온 공정성이에요. 대한양궁협회는 올림픽에 참가하는 선수를 뽑기 위해 국가대표 선발전을 치르는데, 이 선발전의 치열함은 다른 스포츠와 ㉠   . 다른 스포츠 협회는 직전 올림픽 대회에서 우수한 성적을 거둔 선수에게는 선발과정을 생략해주는 등의 혜택을 주기도 하는데, 양궁협회는 그러지 않아요. ㉡   2020년 올림픽에서 3관왕을 했던 선수도 탈락하고 말았어요. 오로지 현재의 실력만으로 대표를 선발하기 때문에 낯선 얼굴과 이름의 선수들이 매번 등장하게 돼요.

(다) 양궁협회는 훈련 과정에서도 선수들이 침착함을 유지하도록 섬세한 지원을 아끼지 않았어요. 양궁은 미세한 긴장에도 집중력이 흐트러지고 이것이 곧 실수로 이어지게 돼요. ㉢   협회에서는 프랑스 양궁 경기장과 똑같이 경기장을 만들어놓고 프랑스어와 영어로 신나게 떠드는 관중들까지 재현해놓았어요. 뿐만 아니라 연습 경기에서 항상 10점만 쏘는 양궁 로봇과 대결시키기도 했어요. 실제 경기에서 상대 선수가 높은 점수를 쏘더라도 마음이 흔들리지 않도록 훈련한 것이지요. 이런 훈련의 결과 우리나라 선수들은 경기 중에도 심장박동 횟수가 일상생활을 할 때와 비슷한 1분에 60~100회를 유지할 수 있었어요.

어휘풀이
우려 근심하거나 걱정함.   **분석** 복잡한 상황이나 개념을 단순하고 정확하게 나누어서 살펴봄.   **공정성** 공평하고 올바른 성질. 여기서 공평은 모두에게 같은 기회를 주고, 그 결과를 평가할 때도 똑같은 기준으로 대하는 것이에요.   **혜택** 제공해 준(베풀어 준) 도움. 쉽게 말해 특정한 사람들에게만 준 기회와 이익이란 뜻이에요.   **생략** 전체에서 일부를 줄이거나 뺌. (=제거)

| 洋 큰바다 양 | 弓 활 궁 |

'양(洋)'은 큰 바다라는 뜻으로 우리나라에서 동쪽으로 가면 있는 큰 바다 태평양(太平洋)이라든지, 유럽-아프리카와 아메리카 사이에 있는 대서양(大西洋)에 붙어있는 그 양(洋)이에요. 하지만, 우리가 실제로 더 많이 사용하는 '양'은 바다라는 뜻이 아니라 '서양'이란 뜻이에요. 검은 머리 검은 눈의 사람들이 사는 아시아를 나타내는 동양이란 말과 반대되는 말이죠. 즉, 유럽과 미국에서 온 사람이나 물건들에 서양을 나타내는 '양(洋)'자를 붙이면서 무수하게 많은 '양□□'라는 단어들이 생겨났어요.

서양에서 건너온 배추는 양배추, 발에 신는 양말, 한복 말고 양복, 파는 파인데 동그란 양파, 송이버섯과 비슷하지만 다른 양송이버섯, 캔들 아니고 양초 등등 수많은 단어에 양이 붙어있고, 또 익숙해졌답니다.

내용 확인

1. 위 글을 읽고 알 수 있는 사실은 무엇일까요?

① 올림픽에 출전한 대한민국 여자 개인전의 연속 우승 횟수
② 2020년 올림픽 양궁에서 한국팀의 성적
③ 2020년 올림픽에서 3관왕을 했던 선수의 이번 선발전 결과
④ 프랑스 양궁 경기장의 크기와 소음 정도
⑤ 양궁 로봇과의 연습 경기 결과

2. 어려운 문제 ㉠에 들어갈 표현으로 가장 잘 어울리는 것은 무엇일까요?

① 크게 다르지 않아요.   ② 비슷한 정도예요.   ③ 우열을 가릴 수 없어요.
④ 겨뤄볼 만해요.   ⑤ 비교가 어려울 정도예요.

HINT 하나 다섯 개 중 한 개만 다른 뜻이에요.
HINT 둘 우열을 가리다 누가 더 우수한가를 가려내다.

3. 어려운 문제 ⓒ과 ⓒ에 들어갈 연결어로 가장 잘 어울리는 것은 무엇일까요?

① ⓒ하지만 - ⓒ그러다 보니   ② ⓒ그렇지만 - ⓒ그렇기 때문에   ③ ⓒ그렇기 때문에 - ⓒ그래서
④ ⓒ그렇기 때문에 - ⓒ이와 달리   ⑤ ⓒ그래서 - ⓒ그렇지

4. 다음 중 의미가 비슷한 것끼리 묶이지 <u>않은</u> 것은 무엇일까요?

① 우려를 지우고 – 근심을 떨치고   ② 그렇지만 – 그렇기 때문에   ③ 의미가 깊었어요. – 뜻깊었어요.
④ 선발전을 치르는데 – 선수를 뽑는데   ⑤ 혜택을 준다 – 벌칙을 부여한다.

5. (가), (나), (다) 내용을 정리해보았어요. 빈칸에 알맞은 단어를 넣어 보세요.

(가)	사람들의 우려와 달리 한국 양궁은 2024 올림픽에서 5개의 메달을 모두 싹쓸이하면서 양궁의 최강국으로 우뚝 섰어요. 이에 많은 프랑스 매체들이 한국이 강한 이유에 대해 ㅂ ㅅ 했어요.
(나)	무엇보다 가장 큰 이유로 꼽힌 것은 선발과정에서의 _____ 이었어요. 양궁 국가대표는 지난 대회의 성적과 상관없이 항상 현재의 실력만으로 사람을 뽑기 때문에 신인들의 등장이 쉬워요.
(다)	이외에도 양궁협회는 집중력을 유지하는 훈련을 위해 현지 경기장을 관객과 함께 그대로 재현해 놓기도 하고, 만점을 쏘는 양궁 로봇과 대결을 시키는 등 섬세한 _____ 을 아끼지 않았어요.

6. 다음에 사용된 '양(洋)'의 의미를 <u>다르게</u> 말한 친구는 누구일까요?

① 솔: 나 지난주에 국립해양박물관 다녀왔어. 물고기 진짜 많더라.
② 수아: 이번에 피아노 발표회한다고? 우와, 그래서 멋진 양복 입었구나.
③ 한별: 으윽, 이거 무슨 냄새지? 집에 양초 좀 켜야겠다.
④ 유주: 난 양배추 싫어하는데, 오늘 점심에도 또 양배추 나왔어.
⑤ 화음: 엄마, 오늘은 인라인 스케이트 타는 날이라서 긴 양말이 필요해요.

7. 위 글을 읽고 '공정함'에 대해 이야기를 나누었어요. 그랬더니 각자 살면서 경험했던 '불공정함'에 대해 이야기하기 시작했어요. 다음 중 가장 불공정했던 경험을 가진 친구의 얼굴에 동그라미 쳐주세요.

"우리 반 달리기 대표로 내가 뽑힐 줄 알았어. 내가 항상 우리 반 달리기 1등이니까. 하지만, 나 다리 부러졌다고 날 대표에서 빼버리더라. 이건 불공정해."

"우리 반 받아쓰기 시험을 보는데 나만 커닝하다 걸려서 혼났어. 진짜 기억이 안 나서 딱 한 개만 보고 쓰려고 한 건데, 이건 불공정해."

"급식실에서 점심 먹고 나만 후식으로 나온 딸기 우유 못 받았더라. 다른 애들 다 마시는데, 이건 불공정해."

HINT 똑같이 대우받아야 할 경우와 그렇지 않은 경우가 달라요.

30 환경

|관련 교과| 5학년 과학 환경오염이 생물에 미치는 영향 6학년 과학 지구의 환경과 인간

가로수가 꼭 닭발 같아요. ★★★★
과도한 가지치기로 보기 싫어진 가로수들

(가) 자동차를 타고 가다 보면 도로 가장자리 쪽으로 나란히 심어져 있는 가로수들을 흔히 볼 수 있어요. 가로수들은 나무를 보기 힘든 도시에서 녹지를 제공해주면서 더불어 맑은 공기와 시원한 그늘을 제공해주지요. 그리고 인도를 걷는 사람들을 자동차로부터 보호해주는 역할도 해요. 또한, 소음을 차단해주면서 조용한 도시를 만드는 데에도 일조하고 있어요. 봄이면 화려하게 흩날리는 벚꽃이나 가을이면 ㉠_____ 화려하게 물드는 단풍나무처럼 아름다운 풍경을 만들어내기도 해요. 그런데 언젠가부터 나뭇잎도 없이 가지만 닭발처럼 남겨진 가로수들이 보이기 시작했어요. 가지치기를 해서 커다란 가지들을 다 쳐내버렸기 때문이에요.

(나) 가지를 자르는 이유 중 가장 큰 것은 무성한 나뭇잎이 간판을 가린다는 것이에요. 가게에서 장사를 하는 사람들의 입장에서는 답답할 노릇이죠. 2층이나 3층을 사용하는 사람들 역시 건물 밖의 풍경을 가린다는 이유로 민원을 제기한다고 해요. 그리고 너무 키가 커버린 나머지 전깃줄에 닿는 경우도 흔히 생겨나요. 가로수들의 나뭇잎들이 비에 휩쓸려 배수구를 막을 경우 여름 장마철에 홍수 피해를 만들 수도 있어요.

(다) 하지만, 굵은 가지를 ㉡_____ 쳐버리다 보니 닭발 모양의 가로수들이 여기저기 보이게 되었어요. 나뭇잎도 없이 앙상하게 손만 벌리고 있는 모양새로 아무런 기능도 못하게 되는 것이에요. 보기 흉한 것은 물론이고 이런 나무들은 병에 걸리기도 쉽고 영양분을 흡수하기도 어려워서 속이 텅 빈 나무가 된다고 해요. 더욱 큰 문제는 나뭇잎이 사라지면서 여름철 땡볕을 막아줄 그늘막이 사라진다는 것이에요. 도심의 가로수가 여름철 평균 온도를 2.7도까지 낮춰주고 있기 때문에 점점 여름이 길어지는 우리나라에서 가로수의 역할은 더욱 커지고 있었거든요.

어휘 풀이

가지치기 나무가 고르게 자라도록 가지를 잘라주는 일. **녹지** 풀과 나무가 많아서 푸른 땅. **앙상** 살이 빠져서 바짝 마른 상태. **일조** 어느 정도의 도움. **민원을 제기** 주민들이 문제를 해결해 달라고 행정기관에 요구하는 일.

배수(排水)는 고여 있는 물을 다른 곳으로 밀어내는 일을 뜻해요. 우리말로 하면 '물빼기' 정도가 되겠지요. 반대로 '물주기'는 급수(給水)예요. 어찌했든 물을 뜻하는 '수'자는 수요일에도 쓰이듯, 아주 흔하게 사용되는 글자예요. 물은 그만큼 우리가 살아가는 데에 있어 없어서는 안 되니까요.

수로 끝나는 말: 단수, 누수, 방수, 분수, 빙수, 생수, 호수, 홍수, 지하수, 정수, 잠수, 은하수, 약수 등
수로 시작되는 말: 수영, 수증기, 수정, 수요일, 수심, 수성, 수도 등

1. 다음 중 가로수의 역할이 <u>아닌</u> 것은 무엇일까요?

① 나무를 보기 어려운 도심 속에서 푸르른 녹지를 제공해줘요.
② 천연 공기청정기로서 도시에 맑은 공기를 제공해줘요.
③ 넓은 나뭇잎으로 더운 여름 시원한 그늘막을 만들어줘요.
④ 도로의 자동차 소음을 막아주는 소음벽의 역할을 해줘요.
⑤ 사람들이 도로를 함부로 건너지 못하도록 울타리 역할을 해요.

2. 위 글에서 주민들이 제기한 민원의 내용으로 알맞은 것은 무엇일까요?

① 1층 옷가게: "사람들이 많이 지나다니는 길인데 길이 너무 좁아요."
② 2층 카페: "바깥 풍경을 볼 수 있게 테라스 자리를 많이 만들어놨는데 밖이 안 보여요. 나무 때문에."
③ 3층 치과 병원: "환자분들이 3층까지 올라오는 게 너무 힘들다고 하네요."
④ 1층 빵집: "빵가게는 기본적으로 빵 냄새가 밖으로 풍겨야 하는데 나무들 때문에 냄새가 막혀요."
⑤ 1층 편의점: "여기 편의점 있다는 걸 사람들이 몰라요. 그늘이 있어서 너무 어둡대요."

3. ㉠과 ㉡에 들어갈 표현으로 알맞게 짝지어진 것을 찾아보세요.

① 딸랑딸랑 – 저벅저벅　　② 아롱다롱 – 알록달록　　③ 울긋불긋 – 뎅강뎅강
④ 번쩍번쩍 – 껑충껑충　　⑤ 알록달록 – 아삭아삭

HINT **뎅강뎅강** 큰 물체가 연달아서 잘리는 소리

4. (가), (나), (다) 내용을 정리해보았어요. 빈칸에 알맞은 단어를 넣어 보세요.

(가)	가로수는 도심 속에서 다양한 ㅇㅎ 을 해요. 녹지와 맑은 공기, 그늘막을 제공하고 소음 차단벽의 역할도 해요. 뿐만 아니라 계절마다 예쁜 색깔을 뽐내며 아름다운 풍경을 만들기도 해요. 하지만, 언젠가부터 앙상하게 닭발처럼 남겨진 가로수들이 보이기 시작했어요.
(나)	가로수의 가지치기를 하는 이유는 주민들의 ㅁㅇ 때문이에요. 간판을 가린다거나 창밖의 풍경을 가린다는 이유로 상인들의 불만이 컸거든요. 여기에 전깃줄에 나무가 닿거나 나뭇잎들이 배수구를 막는 등의 문제 역시 발생했어요.
(다)	이렇게 될 경우 나무가 금방 병들어 버리기도 하지만, 여름철 땡볕을 막아줄 ㄱ□□ 의 기능을 포기하게 돼요. 여름철 폭염으로 몸살을 앓았던 지난여름을 생각해보면 도심의 온도를 낮춰주는 가로수의 역할을 매우 중요해요.

5. 친구들이 끝말잇기를 하고 있어요. 빈칸에 알맞은 단어들을 채워보세요.

가 로 수 → □ ㅇ □ → □ 군 → 군 ㄱ ㅈ → □ 병

　　　　　　"수영을 하는 체육관"　　　　"밥 말고 딴 거 먹는 일"

6. 다음에 사용된 '수'의 의미가 다른 하나는 무엇일까요?

하윤 화음아, 이번 주에 수영 수업 올 거지? … ①

화음 잘 모르겠어. 오늘 학교도 겨우 왔어. 집에 물이 안 나와서 말이야. 단수래. 우리 집. … ②

시연 그럼 물은 어떻게 마셔? 정수기도 안 될 거 아냐. … ③

화음 아빠가 동네 약수터에서 매일 물 떠오고 계셔. … ④

하린 아빠 얼마 전에 무릎 수술 받으셨다고 하지 않았어? 괜찮으시려나. … ⑤

7. 어려운 문제 위 글을 읽은 후 아래 사진을 보았어요. 사진을 보고 떠오른 생각이 아닌 친구는 누구인지 동그라미 쳐보세요.

"장마철이 되면
이 나무 때문에 홍수 피해가
생길 수 있다고."

"여름에 저 길로 걷고 싶지
않아. 뜨거운 태양이
내 머리를 녹여버릴 거야."

"위에 전깃줄이 지나가는
거리라서 어쩔 수 없이
가지치기를 했어. 안 그러면
사고가 날 수 있어."

주몽 임금님의 신나는 활쏘기

옛날 부여에 주몽이라는 특별한 소년이 살았어요. 그는 하늘 왕자의 아들이자 유화 부인의 아들이었지요. 알에서 태어난 주몽은 남다른 아이였고, 일곱 살이 되자 활쏘기 실력을 드러냈어요. 아주 작은 파리의 눈조차 맞히고, 아홉 마리 새를 한 화살로 떨어뜨릴 정도였지요. 사람들은 그를 '활의 신동'이라 불렀습니다.

하지만 부여의 왕자들은 주몽을 시기하고 질투했어요. 임금님마저 주몽을 두려워해 궁궐 밖으로 보내 말 기르는 일을 맡겼습니다. 주몽은 지혜로워, 강한 말은 일부러 약하게, 약한 말은 살찌게 하여 임금님에게 마르고 약한 말을 드렸지요. 덕분에 튼튼한 명마를 타고 몰래 활쏘기 실력을 닦을 수 있었습니다.

왕자들의 괴롭힘이 심해지자, 주몽은 세 친구 오이, 마리, 협보와 함께 부여를 떠나 새로운 나라를 세우기로 했습니다. 그들은 넓은 강에 이르렀고, 뒤에서는 군사들이 쫓아왔어요. 절체절명의 순간, 주몽은 활을 들어 외쳤습니다.

"나는 하늘 왕자님의 손자, 강물 신의 외손자 주몽이다! 길을 열라!"

그러자 강 속 물고기와 자라들이 다리를 만들어 주어, 주몽과 친구들은 무사히 건널 수 있었고, 추격대는 뒤쫓지 못했어요. 주몽은 새로운 땅에 도착해 고구려라는 나라를 세웠고, 활과 말을 잘 다루는 용감한 기상은 후손들에게까지 이어졌습니다.

7주차

31 [사회] 폐지 줍는 일 말고 다른 일 하시면 안 돼요? 135
32 [경제] 샤인머스캣 가격이 이게 맞나요? 139
33 [사회] 휴대전화야 이제 안녕, 여긴 학교야. 142
34 [문화] 흑백요리사, 저도 재밌게 들었어요. 145
35 [과학] 태블릿 달랑 하나 들고 학교 가는 거 어때? 149

31 사회

날짜   년   월   일   요일

|관련 교과| **5학년 도덕** 더불어 살아가는 공동체 만들기 **5학년 사회** 우리나라의 인구 분포와 문제

폐지 줍는 일 말고 다른 일 하시면 안 돼요? ★★★★★
폐지 줍는 일로 인해 항상 위험에 노출되어 있어

　(가) 차를 타고 도로를 가다 보면 손수레를 끌고 가시는 어르신들을 종종 볼 수 있어요. 차들이 씽씽 달리는 가운데 ⊙느릿느릿 산더미만한 폐지를 싣고 가는 손수레를 보면 한편으로 걱정도 되지요. 실제로 사고도 많이 일어나요. 추석 연휴가 끝난 2024년 9월 경기 고양시의 도로에서 폐지 수거용 손수레를 끌던 60대 할머니가 뒤따르던 차량과 부딪히면서 목숨을 잃는 일이 발생했어요. 이런 일이 생길 때마다 왜 그런 위험한 일을 하냐고 왜 인도가 아닌 차도로 다녀서 사고를 당하냐고 ＿＿ⓒ＿＿ 사람들이 있어요.

　(나) 보건복지부의 조사에 따르면, 전국에서 폐지를 줍는 노인은 모두 4만 2000명에 이르고, 평균 연령은 76세였어요. 하루 평균 5~6시간 일하고 6,000원 정도를 벌고, 한 달로는 평균 16만 원 정도를 벌었어요. 폐지 1kg을 주웠다고 하더라도 91원밖에 안 되기 때문에, 리어카 가득 100kg을 싣는다고 하더라도 9,100원이거든요. 편의점에서 아르바이트를 해도 시간당 10,030원을 받는 것에 비하면, 너무 적은 금액이에요. 어르신들도 이 사실을 알지만, 다른 일을 구하기 어렵기 때문에 어쩔 수 없이 이 일을 한다는 의견이 40%로 1위를 차지했어요.

　(다) 한편, 손수레를 끄는 어르신들 대부분은 인도로 가고 싶지 않아서가 아니라 갈 수가 없어서 차도로 다녀요. 도로교통법상 너비 1m가 넘는 손수레는 차량 똑같이 다녀야 해요. 만약 커다란 손수레가 인도로 가면 자동차가 인도를 주행하는 경우와 마찬가지로 과태료가 부과될 수 있어요. 그렇기 때문에 느리더라도 차도의 맨 오른쪽으로 가는 것이에요. 동네 골목에서만 조심히 다니면 되지 않을까 싶지만, 그렇게 해서는 폐지 10kg도 줍지 못할 거예요. 어쩔 수 없이 차도로 나와서 다니다 보면 뒤따르던 차가 화를 내며 빵빵거리기도 하고, 미처 발견하지 못해 사고가 나기도 한답니다.

어휘 풀이

노출 겉으로 드러내다.　　**보건복지부** 국민들의 건강(보건)과 편안한 삶(복지)을 담당하는 행정 부서
10,030원 2025년의 최저 임금. 국가에서 1시간당 최저 임금을 정해 놓았어요. (2026년 10,320원)
도로교통법 도로에서 일어나는 모든 일에 대해 정해 놓은 법.　　**과태료** 마땅히 지켜야 할 의무를 지키지 않아 받는 벌금.　　**부과** 세금을 내라고 매기는 일.

道 길 도 路 길 로

도로는 말 그대로 '길'이에요. 그런데 왜 같은 의미의 글자끼리 합쳐놓았을까요? 옛날에는 이 두 글자를 구별해서 썼기 때문이래요. 도(道)가 일반적인 마차길이라면 로(路)는 그보다 더 넓은 길이래요. 서울에 있는 종로나 을지로가 그래서 '로'로 끝난답니다.

한편, 도(道)는 길이란 뜻 외에도 '인간이 마땅히 지켜야 할 도리 혹은 규칙/법칙'이란 뜻도 있어요. 도덕(道德)이란 말이 그렇지요. 규칙의 도(道)는 운동 혹은 종교에 붙을 수도 있답니다. 태권도 알죠? 검도나 유도도 마찬가지로, 여기 붙은 도는 길이 아니라 이치나 법칙을 뜻해요. 예를 들어 검을 쓰는 이치를 다루는 운동이 검도인 것이죠.

길   도리나 이치, 법칙

내용 확인

1. 위 글의 내용과 맞지 않은 것은 무엇일까요?

① 어르신들은 다른 일을 하고 싶어도 일을 구할 수 없기 때문에 폐지를 줍는 경우가 많다.
② 폐지를 줍는 것은 교통사고의 위험에 노출되는 일이다.
③ 손수레는 인도로 갈 수 있지만 보행자와 부딪힐 수 있기 때문에 도로로 간다.
④ 손수레가 도로로 다닐 경우에는 도로의 맨 오른쪽으로 다녀야 한다.
⑤ 폐지를 많이 줍기 위해서는 이 동네 저 동네를 멀리까지 돌아다녀야 한다.

2. ㉠과 같은 방법으로 만들어진 표현이 아닌 것은 무엇일까요?

① 구불구불   ② 물렁물렁   ③ 허우적허우적
④ 길쭉길쭉   ⑤ 뽀드득뽀드득

3. 어려운 문제 ㉡에 들어갈 내용으로 알맞지 않은 것은 무엇일까요?

① 안타까워하는 ② 답답해하는 ③ 괘씸히 여기는 ④ 마음 아파하는 ⑤ 혀를 차는

HINT 혀를 차다 쯧쯧하며 언짢은 마음을 드러내다. 괘씸히 여기다 믿음을 버리는 짓에 대해 미워하다.

4. 다음의 숫자들과 맞는 내용을 선으로 이어주세요.

10,030원 • • 폐지 1kg의 가격

4만 2,000명 • • 폐지를 줍는 노인의 평균 나이

76세 • • 폐지를 하루 동안 주워서 받는 돈의 평균

6,000원 • • 국가에서 정한 2025년 시간당 최저 임금

91원 • • 전국에서 폐지를 줍는 노인의 수

5. 어려운 문제 다음에 사용된 '도' 중에서 그 의미가 다른 하나는 무엇일까요?

① 복도에서는 이왕이면 우측통행 해주세요. 그래야 사람들끼리 부딪히지 않습니다.
② 태권도 학원 끝난 후에는 피아노 학원을, 그게 끝나면 수학 학원을 가야 합니다.
③ 부모님께 효도하는 어린이가 되자! 아, 그렇지만 효도는 너무 어려워요.
④ 안 되겠어. 살을 빼려면 운동을 시작해야지. 헌이가 요즘 검도해서 살 뺐다는데, 그거 해볼래?]
⑤ 아빠, 쓰레기를 그렇게 버리면 안 돼. 공중도덕을 잘 지키자 더니, 정작 아빠는 참!

6. 다음의 설명에 해당하는 단어는 무엇일까요? 위 글에서 찾아보세요.

많은 물건이 한데 모여 산만큼 쌓인 덩어리

(답)

7. 위 글을 읽은 친구들이 나눈 대화예요. 내용을 잘 이해하지 <u>못한</u> 친구 얼굴에 동그라미 쳐보세요.

"차도로만 다녀야 하는 폐지 손수레를 생각하면, 차량 운전자들도 좀 더 조심히 운전해야 할 필요성이 있어. 너무 빠르게 가려고만 하지 말고 말이야."

"다른 일을 하고 싶어도 일을 구할 수 없으니 폐지를 줍게 되는 거야. 그러니, 이 문제를 해결하려면 우선 노인 일자리가 늘어나도록 국가가 신경 써야 할 거야."

"폐지 줍는다고 돈도 벌기 힘들 텐데, 그럴 바엔 편의점 아르바이트가 더 나을 거야. 아니면 주유소에서 일하는 것도 나쁘지 않고. 나이와 상관없이 열심히 일하려는 자세가 중요하니까."

HINT 노인이 되면 어떤 일을 할 수 있을까요? 그리고 누가 일을 줄까요?

추가자료

2024년 9월 발표된 통계청의 자료에 따르면, 대한민국의 65세 이상의 고령 인구는 모두 약 994만 명으로 전체 인구의 19% 정도를 차지했어요. 이런 추세라면 2050년에는 전체 인구의 40%를 넘을 것이 분명해지고 있지요. 더군다나, 노인들의 빈곤율은 점점 높아지고 있어요. 전체 인구의 소득을 살펴보았을 때, 소득 수준이 평균의 1/4도 되지 않는 상대적 빈곤 가구의 수는 무려 40%에 육박한답니다. 65세 이상의 나이에 혼자 살면서 직업을 가진 사람들의 수가 고작 32%에 불과하거든요. 혹시, 그렇다면 폐지를 줍는 분들은 직업을 가진 분들이라고 볼 수 있을까요?

| 관련 교과 | **4학년 사회** 경제 활동과 합리적 선택 **4학년 과학** 식물의 한살이

샤인머스캣 가격이 이게 맞나요? ★★★★★
너도 나도 키우는 통에 가격이 점점 떨어져

(가) 연둣빛을 띠는 탱글탱글한 샤인머스캣 포도는 마트에서 흔히 볼 수 있는 과일 중 하나예요. 지난 1988년 일본에서 최초로 개발된 이후, 2006년 처음 한국에 들어왔고 2016년부터는 국내 시장에서 판매가 되기 시작했어요. 기존의 포도와 달리 더 강한 단맛과 아삭한 식감으로 인해 정말 큰 인기를 끌었어요. 2019년만 해도 2kg 한 상자에 38,000원이 넘을 정도로 고가라서 '명품 과일' 소리를 듣기도 했어요. 그러던 것이 지금은 같은 상자에 10,000원도 하지 않게 되었어요. 샤인머스캣에 무슨 일이라도 벌어진 것일까요?

(나) 샤인머스캣의 인기가 식을 줄 모르자 많은 농민들이 샤인머스캣 재배에 뛰어들었어요. 2016년에 비해 2023년에는 재배 면적이 ㉠ 23배나 넓어졌고, 국내에서 생산되는 포도의 59%가 샤인머스캣이 되었어요. 시장에 샤인머스캣이 넘쳐나게 되자 가격은 자꾸만 내려갔어요. 사과와 달리 저온 저장창고에서 오래도록 보관하는 것도 힘들기 때문에 얼른 팔아야 했으니까요. 맛있는 샤인머스캣이 싸졌으니 더 많이 먹을 수 있어 좋은 것 아닌가 싶겠지만, 그건 또 아니예요. 샤인머스캣이 이제 예전만큼 맛있지 않거든요.

(다) 예전의 샤인머스캣은 껍질이 얇고 단맛이 강할뿐더러 아삭거리는 식감도 좋았어요. 하지만, 요즘은 껍질도 두꺼운데다가 단맛도 덜하고 식감마저 물컹해져 버리는 바람에 다른 보랏빛 포도들과 큰 차이가 없어졌어요. 이건 솎아내기 없이 가지에 달린 모든 포도를 땄기 때문이에요. 샤인머스캣은 한 가지에 여러 송이가 달리더라도 솎아내기를 통해 한 송이만 영양분을 받게 하여 만드는 것이었어요. 하지만, 더 많은 포도를 만들어낼 수 있다는 생각에 솎아내기 없이 팔다 보니 크기만 크고 달지도 않은 샤인머스캣이 만들어진 거예요.

어휘 풀이

식감 먹을 때 입 안에서 느껴지는 느낌.　**재배** 식물이나 과일을 키우는 일.　**명품** 유명하고 비싼 물건.
면적 넓이의 크기. 보통 땅의 크기를 나타낼 때 써요.　**솎아내기** 식물이 가진 영양분은 정해져 있어 열매가 너무 많이 열리면 그 영양분을 모두 나눠줘야 하기 때문에 크기도 작고 달지도 않겠지요. 그래서 일부러 가지에 달린 몇몇 열매들을 어릴 때부터 잘라주는 거예요. 그러면 남은 열매들만 달고 크게 잘 자라겠지요.

低 낮을 저 　 溫 따뜻할 온

높이를 나타내는 표현으로 높을 고(高)가 있고, 그 반대말로 낮을 저(低)가 있어요. 온(溫)은 김이 모락모락 나는 따뜻한 목욕탕에 들어가는 사람을 표현하는 글자예요. 저온이라고 하면, '따뜻함이 낮다'라는 뜻이니 다소 차가운 온도를 말하겠지요?

보온물병에 따뜻한 물을 담아놓으면 오래도록 따뜻함이 유지돼요. 온도를 지켜주는 물병이거든요. 우리나라의 날씨는 보통 온난하다고 표현해요. 강아지가 물지도 않고 짖지도 않고 꼬리를 흔들어줄 때 '강아지 참 온순하다.'란 말을 하기도 해요. 따뜻하고 순하다는 뜻이랍니다.

1. 위 글에서 알 수 있는 사실이 <u>아닌</u> 것은 무엇일까요?

① 샤인머스캣이 최초로 개발된 국가와 연도
② 한국에 샤인머스캣이 처음으로 판매가 되던 때
③ 샤인머스캣 2kg 한 상자 가격의 변화
④ 샤인머스캣의 장기 보관 방법
⑤ 솎아내기를 하는 이유

2. ㉠에 들어갈 표현으로 어울리지 <u>않는</u> 것은 무엇일까요?

① 자그마치　　② 고작　　③ 무려
④ 심지어　　⑤ 놀랍게도

3. **어려운 문제** 다음 중 샤인머스캣의 가격이 떨어진 현상과 비슷한 사례를 찾아보세요.

①	②	③
"그 학원 말이야. 선생님은 잘 가르치시는데 너무 불친절해서. 그래서 애들이 별로 없나 봐."	"아, 갑자기 비가 오네. 어쩌지? 마침 우산 파는 아저씨가 계시네. 아, 근데 왜 이렇게 비싸요."	"엄마, 망고가 옛날에는 비쌌던 거 같은데, 요새는 많이 싸네. 아, 외국에서 수입이 많이 되어서 그렇다고?"

4. (가), (나), (다) 내용을 정리해보았어요. 빈칸에 알맞은 단어를 넣어 보세요.

(가)	탱글탱글함을 자랑하는 연둣빛 포도 샤인머스캣은 2016년 한국에서 판매를 시작하면서 강한 단맛과 아삭한 식감으로 큰 인기를 끌었어요. 한 때 2kg 한 상자가 4만 원에 가까울 정도로 높은 가격인지라 ㅁ☐ 과일로도 불리었어요. 하지만, 지금은 그 인기가 시들해졌답니다.
(나)	너무 많은 농민들이 샤인머스캣을 ㅈ☐ 하기 시작했거든요. 면적도 20배 이상 넓어지면서 생산된 포도의 절반 정도가 샤인머스캣이 되었어요. 장기 보관을 해놓는 것도 아니다 보니 가격이 더 떨어졌고, 맛도 변하게 되면서 더 인기를 잃었어요.
(다)	이젠 예전과 달리 단맛도 덜하고 식감마저 물렁해졌어요. 이는 ☐☐☐ 없이 가지에 달린 포도를 모두 따기 때문이에요. 영양분을 충분히 받도록 하려면 한 가지에 한 개의 송이만 열리도록 해야 하지만, 더 많이 팔 욕심에 모든 포도를 다 열리도록 놔둔 것이에요.

5. 어려운 문제 샤인머스캣의 가격을 다시 올리기 위한 방안이 아닌 것은 무엇일까요?

"돈을 좀 더 적게 벌더라도 솎아내기를 다시 해야 해."

"사과처럼 장기 보관할 수 있는 방법을 연구해야 해."

"외국에서 더 맛있는 샤인머스캣을 왕창 수입해 와야 해."

"샤인머스캣 말고 다른 품종들을 키우도록 농민들을 설득해야 해."

HINT 샤인머스캣의 가격이 올라가려면 샤인머스캣이 귀해져야 해요. 지금은 물건이 너무 흔해진 것이거든요.

사회

| 관련 교과 | **4학년 사회** 사회 변화로 나타난 일상생활의 모습 **5학년 도덕** 정보 사회와 우리의 자세

휴대전화야 이제 안녕, 여긴 학교야. ★★★★
학생들의 발달과 학습에 모두 해를 끼쳐

　2024년 9월부터 프랑스는 중학교 약 200곳에서의 휴대전화 사용을 금지했어요. 학생들은 학교에 도착하면 사물함에 휴대전화를 보관했다가 하교할 때 돼서야 돌려받을 수 있죠. 나아가 2025년 9월부터는 전국 모든 초등학교와 중학교에서 휴대전화 사용을 완전히 금지했어요. 프랑스에서는 왜 학생들의 휴대전화 사용을 막으려고 하는 것일까요?

　프랑스 정부는 교내에서 휴대전화를 사용하면 무엇보다 수업 시간 학생들의 집중력이 흐트러져 학업에 방해가 된다고 했어요. 또한, 휴대전화 사용에 매달리게 되면서 자연스레 신체 활동을 덜 하게 되니 성장기 학생들이 과체중이나 비만이 될 수 있다고 보았어요. 뿐만 아니라 인스타그램, 틱톡 등 학생들이 주로 사용하는 소셜미디어(SNS)는 한 번 중독되면 빠져나오기 어려워요. 짧고 자극적인 영상이 눈길을 끌기 때문이죠. 그것들은 대개 순간적인 즐거움을 위해 만들어진 것이라 금방 잊히는 것들이지만, 재밌다는 장점이 있지요. 재미를 위해서 청소년 시기의 소중한 시간을 낭비하게 되는 것이니 어른들이 막아선 것이에요.

　프랑스 이외의 다른 국가들도 이 문제에 대해 ㉠_____. 이탈리아와 독일은 2022년부터 교내 휴대전화 사용을 금지하고 있어요. 영국은 2024년 2월, 네덜란드는 2024년 1월부터 학교에서 휴대전화, 태블릿PC, 스마트워치 등 모바일 기기를 사용하지 못하도록 했어요. 뉴질랜드 역시 2024년 5월부터 전국의 초·중·고에서 휴대전화 사용을 금지하는 정책을 시행했어요. 미국은 캘리포니아를 포함하여 13개 주에서 휴대전화 사용을 금지하거나 제한했어요. 2025년 현재 우리나라도 전국의 초·중·고 학교에서 수업 중 휴대전화 등 스마트 기기 사용을 금지하는 법안을 준비 중이고, 곧 시행될 예정이에요.

어휘 풀이

과체중 체중이 많이 나감.　**침해** 쳐들어와서 해를 끼침.　**중독** 어떤 것을 지나치게 좋아해서 그것 없이는 견디지 못하는 상태.　**수거** 걷어서 가져감.　**자극** 감각이나 마음에 반응을 일어나도록 함. '자극적'이라고 하면, 자꾸 쳐다보고 싶도록 눈길을 사로잡는 것을 말해요.

'침노하다'는 것은 한 나라가 다른 나라를 쳐들어갔다는 뜻이에요. 다른 나라 땅을 허락도 없이 빼앗으러 들어가는 것이죠. '침해(侵害)'는 쳐들어와서 해를 끼쳤다는 것이죠. 여기서 해(害)는 손해를 볼 때의 그 손해를 뜻해요. 그래서 해를 끼치다/해를 입다 모두 해(害)로 사용할 수 있어요.

해를 누군가에게 입힐 때는 가해(加害), 상처를 내서 해를 입히면 상해(傷害), 해를 입으면 손해(損害) 혹은 피해(被害), 해가 있으면 유해(有害), 지진, 태풍, 홍수, 가뭄, 화재와 같은 재난으로 인해 입는 해를 재해(災害), 모기나 파리와 같이 인간에게 해로운 곤충을 해충(害蟲) 등등 해를 입은 모든 경우에 이 글자가 쓰인답니다.

1. 위 글에서 알 수 있는 사실이 <u>아닌</u> 것은 무엇일까요?

① 프랑스에서 휴대전화 사용을 막는 이유
② 프랑스의 초등학교와 중학교에서 휴대전화 사용이 금지되는 시기
③ 중독적인 소셜미디어가 가지는 장점
④ 프랑스 외에 휴대전화를 금지하는 국가들
⑤ 우리나라에서 휴대전화가 금지되는 시기

2. ㉠에 들어갈 표현으로 어울리지 <u>않는</u> 것은 무엇일까요?

① 이해할 수 없다는 입장이에요.   ② 대응에 나섰어요.   ③ 발 빠르게 움직였어요.
④ 그 심각성을 인정했어요.   ⑤ 가만히 있을 수 없었어요.

3. 다음 국가 중 가장 먼저 휴대전화 사용을 제한한 국가는 어디일까요?

① 프랑스   ② 뉴질랜드   ③ 이탈리아
④ 네덜란드   ⑤ 영국

4. 위 글을 참고하여 볼 때, 휴대전화 사용에 따른 문제점이 <u>아닌</u> 것은 무엇일까요?

① 수업 시간에 수업을 듣지 않고 자꾸 스마트폰을 보려고 해요.
② 공부하는 것보다 유튜브를 보는 것이 더 재밌으니 자꾸 유튜브만 보고 싶어요.
③ 자기 전에도 계속 휴대전화를 보고 싶어요. 참을 수 없어요.
④ 책을 읽으려 해도 긴 내용을 집중해서 볼 수가 없어요.
⑤ 친구들과 학교가 끝난 후에도 계속 대화를 할 수 있어요.

5. 어려운 문제 휴대전화를 과하게 사용하는 어린이들에게 말해줄 수 있는 속담을 찾아보세요.

① 소 잃고 외양간 고친다. ② 낫 놓고 기역자도 모른다. ③ 신선놀음에 도끼자루 썩는 줄 모른다.
④ 방귀 뀐 놈이 성낸다. ⑤ 물에 빠진 사람 구해 주니 보따리 내놓으라 한다.

어휘 쑥쑥쑥

6. 다음 낱말의 뜻으로 알맞은 것을 선으로 이어 보세요.

중 독 •   • 우리 아파트는 매주 목요일에 쓰레기 분리 □□해요. 종이, 플라스틱, 병과 캔, 비닐을 분리해서 버리면 다음날 □□업체에서 와서 가져갑니다.

자 극 •   • 한참 짖고 있는 강아지는 겁이 많이 난 상태일 거예요. 이런 상황에서 괜히 □□을(를) 주면 안 돼요. 예를 들어 발로 쿵쿵 땅을 치거나, 위협적으로 소리를 내는 행동은 강아지를 더 □□하는 일이에요.

수 거 •   • 길거리를 가다 보면 고개를 푹 숙인 채 휴대전화만 보고 가는 사람들이 있어요. 엘리베이터에서도 마찬가지예요. 잠시라도 그것을 보지 않으면 안 될 정도로 휴대전화에 □□된 것이죠.

| 관련 교과 | 5학년 도덕 더불어 살아가는 공동체 만들기 5학년 도덕 정보 사회와 우리의 자세

흑백요리사, 저도 재밌게 들었어요. ★★★★☆
배리어프리 정책의 확대로 더 다양한 시청 기회를 얻을 수 있어

(가) 넷플릭스의 요리 경쟁 프로그램인 「흑백요리사」가 큰 화제를 모으며 인기를 끌었어요. 이미 유명한 요리사들과 아직 유명하지 않은 요리사들의 대결을 통해 다양한 요리법과 음식들이 소개되었는데, 보는 사람들에게 상상도 못할 다양한 요리법과 맛이 있다는 사실을 알려주었어요. 하지만, 이런 음식 프로그램들을 보는 것이 쉽지 않은 사람들도 있어요. 앞이 보이지 않는 시각장애인들이 그렇지요. 소리는 들리지만 지금 요리사가 어떤 행동을 하는지 음식은 어떻게 생겼는지 소리로는 알 수가 없거든요.

(나) 그래서, 넷플릭스는 2016년부터 시각장애인을 위한 한국어 화면 해설 서비스를 제공하고 있어요. 화면 해설은 동작, 표정, 의상, 배경, 장면 전환 등 모든 상황을 음성으로 설명하는 기능이에요. 이것은 배리어프리(barrier-free) 정책의 대표적인 예시라고 할 수 있어요. 「흑백요리사」의 경우, 비장애인 코미디언 김경식과 실제 시각장애인인 코미디언 이동우를 섭외해 해설 녹음을 진행했어요. 두 사람은 시각장애인이 시청하는 데 최대한 불편함이 없도록 상세한 상황 설명은 물론 요리를 생생하게 묘사하는 등 생동감 넘치는 해설을 했다는 호평을 받고 있어요.

(다) 한편, 배리어프리를 위한 자막은 비장애인들에게도 큰 도움이 되고 있어요. 소리가 들리지 않는 청각장애인들을 위한 자막은 화면 속에 담긴 소리들을 구체적으로 묘사하는데, 이것은 비장애인들에게도 큰 도움이 돼요. 그냥 스쳐들었으면 몰랐을 소리도 자막으로 [작은 동전 떨어지는 소리]와 같이 표현해주면 보는 사람들도 좀 더 쉽게 이해할 수 있거든요. 더군다나 작은 소리로 혼자 내뱉는 대사의 경우 쉽게 알아듣기 어려운데 비해 '[작은 소리로] 휴우, 정말 쉽지 않네.'와 같이 자막이 붙는다면 그 느낌을 좀 더 확실히 이해할 수 있게 돼요.

어휘 풀이

전환 다른 상태로 바뀜. **섭외** 연락을 취하여 (방송) 출연을 논의함. **묘사** 그리듯이 설명하거나 표현함. **배리어프리** 장애인이나 노인들처럼 사회적으로 활동하기 어려운 사람들을 막고 있는 사회적인 장벽(배리어, 불편함)을 없애자는 운동. 장애인들이 움직이고 보고 듣고 느낄 수 있도록 사회적으로 배려하는 것. **생동감** 살아서 움직이는 것 같은 느낌. **호평** 좋은 평가. (=칭찬) **비장애인** 장애인과 비교하였을 때 장애가 없는 사람.

非 아닐 비　障 막을 장　碍 거리낄 애　人 사람 인

비(非)는 뜻이 매우 간단해서, 그 뒤에 나오는 것에 대해 '아니다'라고 부정하는 의미를 지녀요. '장애인이 아니기 때문에 비장애인'이라고 하는 것처럼 말이지요. 금속이 아니면 비금속, 정상이 아니면 비정상, 위생적이지 않으면 비위생, 공개하지 않으면 비공개, 양심적이지 않으면 비양심적, 도무지 현실적이지 않으면 비현실적, 효율적이지 않으면 비효율적 등등 많은 단어들이 있어요. 반대말이 좀처럼 없는 경우에 이처럼 '비'를 붙이면 그 뜻이 간단히 드러난답니다.

위생적 건강을 유지할 수 있는　**양심적** 옳은 것을 따르려는 마음이 있는　**효율적** 노력에 비해 결과가 좋은

1. 위 글의 내용과 같은 것은 ○, 내용과 다른 것은 X 표시해보세요.

① 넷플릭스는 올해부터 화면 해설 서비스를 제공하고 있다. (　　　)
② 「흑백요리사」는 시각장애인 코미디언 두 명을 섭외하여 해설을 녹음했다. (　　　)
③ 배리어프리 자막은 비장애인들에게도 큰 도움이 된다. (　　　)

2. 다음의 대본 중에서 시각장애인에게 도움이 되는 부분과 청각 장애인에게 도움이 되는 부분을 찾아보세요.

[음성 : 심사위원 백종원이 얼굴을 찡그린 채 손을 턱에 가져다 대고 고민한다.] … ①
백종원 이거 혹시 미리 삶지 않고 바로 넣었어요? … ②
트럭요리사 아, 네. 그게. 너무 시간이 없어서 급하게 하려다 보니.
백종원 이러니까 맛이 제대로 안 산 거예요. 충분히 삶아놔야지 맛이 우러나는데.
트럭요리사 죄송합니다. 재료 손질하느냐 정신이 … ③
[자막 : 쨍그랑 소리, 무언가 금속 재질의 무거운 물건이 떨어지는 소리] … ④
[음성 : 심사위원 백종원이 무엇을 찾듯 두리번거린다.]
백종원 무슨 일 난 거 아니죠? 깜짝 놀랐네. … ⑤

(답) 시각장애인에게 도움이 되는 부분 (　　　　　) 청각장애인에게 도움이 되는 부분 (　　　　　)

3. 어려운 문제 위 글의 밑줄 친 단어들을 다른 단어로 고쳐볼 거예요. 어울리지 <u>않게</u> 고친 것을 찾아보세요.

① 보는 사람들 → 시청자　　　② 불편함 → 어려움　　　③ 호평 → 좋은 평가
④ 스쳐들었으면 → 별생각 없이 들었으면　　⑤ 작은 소리 → 고음

4. (가), (나), (다) 내용을 정리해보았어요. 빈칸에 알맞은 단어를 넣어 보세요.

(가)	다양한 요리와 맛의 세계를 시청자들에게 펼쳐준 「흑백요리사」 프로그램이 인기를 끌었지만, 시각장애인들은 이런 음식 프로그램을 보는 것이 쉽지 않아요. 요리사의 행동이나 음식의 모양새를 알기 어렵거든요.
(나)	그래서 넷플릭스는 시각장애인들을 위한 한국어 화면 해설 서비스를 하고 있어요. 이것은 장애인들의 생활에 불편함이 없도록 장벽을 없애자는 ㅂ ☐ ☐ ☐ 정책의 대표적인 예시라고 할 수 있어요. 김경식과 이동우를 ㅅ ☐ 하여 진행된 녹음에서 이들은 ㅅ ☐ ㄱ 넘치는 해설로 좋은 평가를 받았어요.
(다)	한편, 청각장애인용 자막은 장애가 없는 ㅂ ☐ 에게도 큰 도움이 돼요. 평소 같으면 알아듣기 어려운 작은 효과음이나 대사도 자막으로 표시되면서 쉽게 이해할 수 있거든요.

5. '비(非)'를 이용한 다음의 단어들을 빈칸에 알맞게 넣어 보세요.

[보기]   비상   비정상   비현실적   비위생적   비양심적

① 은우야 너 콜록콜록 기침할 때 손으로 입을 가렸지? 그리고 그 손으로 다시 문고리를 잡으면 어떻게 하니? 그건 너무 _____ 이잖아. 문고리에 세균이 묻었으니 문고리를 잡은 누군가도 곧 기침을 할지 몰라.

② 어린이 동화의 특징 중 하나는 _____ 이라는 데에 있어요. 평소에 할 수 없었던 일들을 꿈꾸고 그것을 이루면서 상상과 창작의 즐거움을 알게 되거든요. 말하는 강아지나 500살 먹은 선녀님을 만나는 일은 얼마나 신나는 일인가요.

③ 큰일 났어요! _____ 이라고요. 어서 일어나세요. 아랫집에서 연기가 올라오고 있어요. 아무래도 불이 난 것 같아요. 얼른 위층으로 피할 준비를 해야겠어요.

6. 2024년 기준 서울 시내버스의 약 75%는 저상버스랍니다. 저상버스란 휠체어나 유모차를 이용하는 교통약자도 충분히 이용할 수 있도록 바닥 높이가 낮게 제작된 버스입니다. 하지만 실제로 버스를 타고 다니는 교통약자들을 발견하기란 쉽지 않아요. 다음의 일기를 보고 마지막에 내가 마음속으로 한 말을 상상해볼까요?

2025년 8월 9일 토요일 날씨 맑고 화창하지만 더움.

아침에 엄마와 버스를 타고 학원에 가고 있었다. 그런데, 버스가 어느 정류장에서 출발하지 않은 채 계속 서 있었다. 휠체어를 탄 할머니와 그 할머니를 밀어주는 아저씨가 버스에 타려고 해서 버스가 멈춘 것이었다. 이런 광경을 처음 봐서 난 너무 신기했다. 그런데, 어떤 아줌마가 뒤에서 이렇게 말했다.

"할머니 다음 버스 타요. 사람들 바쁜데 뭐 하는 거예요!"

또 어떤 아저씨는 이렇게 말했다.

"휠체어 하나 실으려고 몇 명이 피해를 보는 거야. 가뜩이나 좁은데."

난 너무 슬퍼서 마음속으로 이렇게 말했다.

| 관련 교과 | 4학년 사회 사회 변화로 나타난 일상생활의 모습 5학년 도덕 정보 사회와 우리의 자세

태블릿 달랑 하나 들고 학교 가는 거 어때? ★★★★

_____ ㉠ _____

　(가) 인공지능 디지털교과서(AIDT)의 사용에 관해 사람들의 의견이 다양하게 나뉘고 있어요. 2028년부터 모든 초·중·고교에 디지털 교과서를 도입하기로 했던 계획이 중단되고, 디지털 교과서를 '교과서'가 아닌 '자료'로 하는 법안이 통과되었거든요. 그러면 책으로 된 지금의 교과서는 그대로 두고 디지털 교과서는 학교나 교사가 자율적으로 선택할 수 있게 돼요. 디지털 교과서는 AI(인공지능) 기능을 이용해 학생의 학습 수준과 집중력, 참여도와 흥미도, 과제 제출 여부 등을 확인할 수 있어요. 거기에 화면 해설과 자막 기능, 번역 기능까지 추가하여 학습자들의 불편을 최소화했어요. 그 많은 교과서를 얇은 태블릿에 넣어놓고 보는 것이니 학습이 편리해진다는 예측이 많았어요.

　(나) 하지만, 학부모들 입장에서는 걱정의 목소리가 큰 것또한 사실이었어요. 아무래도 태블릿으로 책을 보는 것이 종이책에 비해 불편하기 때문에 지금도 부족한 문해력이 더 떨어지지 않을까 하는 걱정이에요. 실제로 한국교총에서 2024년 발표한 학생 문해력 실태 조사 결과에 의하면, 교사의 91.8%는 학생들의 문해력이 과거에 비해 나빠졌다고 답했고 94.3%는 디지털 기기의 보급으로 학생들이 글씨까지 못 쓰게 되었다고 답했어요. 결국, ___㉡___ 청소년들의 읽고 쓰기 능력이 떨어진 상황에서 교과서마저 태블릿으로 바뀌면 상황이 더 나빠질 것이라 걱정하는 것이죠.

　(다) 실제로 스웨덴에서는 디지털 기기를 사용한 교육 대신 종이책과 손글씨를 통한 전통적인 교육 방식으로 돌아가고 있다고 해요. 스웨덴도 다른 유럽 국가들처럼 태블릿과 노트북을 이용한 수업을 진행했으나 정확히 그때부터 학생들의 문해력이 떨어졌다는 연구 결과가 나왔거든요. 물론, 오히려 디지털 기기들을 적극적으로 도입하는 나라들도 많아요. 독일, 폴란드, 싱가포르와 같은 나라들은 적극적으로 디지털 기기를 도입하고 있어요. 이러다 보니 당분간은 디지털 교과서 사용을 두고 다양한 의견들이 충돌할 수밖에 없어 보여요.

어휘 풀이

디지털 교과서 종이처럼 만져지는 교과서가 아니라 노트북이나 태블릿에 집어넣고 사용하는 형태의 교과서. **도입** 기술이나 방법 등을 사용할 수 있도록 끌어들임. **자율적** 스스로 알아서 **문해력** 글을 이해하는 능력. **한국교총** 선생님들끼리 만든 모임의 하나. 우리나라에서 가장 큰 선생님 모임.

 教 가르칠 교 | 科 과목 과 | 書 글 서

교과서(教科書)는 말 그대로 '과목을 가르치는 책(글)'이란 뜻이에요. 수학을 공부하기 위한 건 수학 교과서, 국어를 공부하기 위한 건 국어 교과서이지요. 교(教)는 학교와 관련이 깊은 글자예요. 학교(學校)의 '학'은 배운다는 뜻이고, '교'는 가르친다는 뜻이니 학교는 가르치고 배우는 곳이에요.

학교
- 교무실: 선생님들이 근무하는 사무실
- 교사/교원: 선생님
- 교수: 대학교의 선생님
- 교육: 가르쳐서 키우는 일
- 교탁: 선생님이 사용하시는 탁자
- 교재: 가르칠 때 사용하는 재료

1. ㉠에 들어갈 수 있는 소제목으로 알맞은 것은 무엇일까요?

① 디지털 교과서 도입 누가 먼저 시작했나.
② 디지털 교과서 도입을 둘러싼 다양한 의견들
③ 문해력 향상을 위해 필요한 교육 활동들
④ 한국과 스웨덴, 무엇이 다른가.
⑤ 학생들이 글씨 못 쓰는 이유가 드디어 밝혀져.

HINT **향상** 수준을 더 나아지게 함.

2. 위 글의 내용과 맞지 않는 것은 무엇일까요?

① 2028년부터 전국의 초중고 학교에서 모든 과목을 디지털 교과서로 배우게 돼요.
② 디지털 교과서를 이용하면 다양한 언어를 사용하는 학생들도 좀 더 쉽게 공부할 수 있게 돼요.
③ 학부모들은 디지털 교과서를 이용할 경우 문해력이 나빠질 것이라 걱정하고 있어요.
④ 스웨덴은 종이책과 손글씨를 이용한 전통적인 교육 방식으로 돌아가려고 해요.
⑤ 독일, 폴란드, 싱가포르는 오히려 디지털 기기를 이용한 교육을 추진하고 있어요.

3. (가), (나), (다) 내용을 정리해보았어요. 빈칸에 알맞은 단어를 넣어 보세요.

(가)	2028년부터 학교 현장에 본격적으로 디지털 ㄱ☐ 가 도입되기로 했던 계획은 중단되고, 학교에서 자율적으로 선택할 수 있게 되었어요. 디지털 교과서는 AI기능을 활용해 학생의 학습 수준과 참여도, 흥미도를 파악할 뿐 아니라 화면 해설과 자막, 번역까지 지원하여 학생들의 많은 불편함을 없앨 것이라 예상이 되었어요.
(나)	하지만, 학부모들 사이에서는 태블릿으로 공부를 할 경우 가뜩이나 부족한 ㅁ☐ 이 더 떨어질 것이라 우려했어요. 실제로 선생님들을 대상으로 한 조사에서 90% 이상의 답변이 디지털 기기의 도입으로 학생들의 글 읽기와 쓰기 능력이 떨어졌다는 결과가 나왔어요.
(다)	스웨덴은 디지털 기기를 대신하여 종이책과 ㅅ☐ 를 통한 전통적인 교육 방식으로 돌아가려 해요. 디지털 기기를 이용한 수업이 오히려 문해력 저하를 가져왔다고 본 것이죠. 이와 달리, 한국, 독일, 폴란드, 싱가포르와 같은 국가들은 디지털 기기를 도입하고 있으니 이에 대한 다양한 의견들이 ㅊ☐ 할 것으로 예상돼요.

4. 어려운 문제 ⓒ에 들어갈 표현으로 알맞은 것은 무엇일까요?

① 운동을 게을리하는   ② 책을 읽지 않는   ③ 게임만 하느라고
④ 공부에 관심 없어 하는   ⑤ 학원 다니느라 바쁜

어휘 쑥쑥쑥

5. '교'의 의미를 다른 친구와 다르게 사용한 친구를 찾아보세요.

화음 얘들아, 아까 여기 내 책상에 있던 교과서 본 친구 없어? … ①
하린 아까 선생님이 들고 교무실 가시던 걸? … ②
시연 맞아, 나도 봤어. 평소 가지고 다니시던 교재랑 헷갈리셨나 싶었는데. 표지가 비슷하게 생겼잖아. 아이들이 손잡고 있는 사진 말이야. … ③
하윤 사진이라고? 아니야. 그거 그림이야. 엄청 정교하게 그린 그림이야. … ④
태은 그림? 와, 진짜네. 난 지금까지 사진인 줄 알았어. 미대 교수님이 그리셨나. 정말 진짜 같다. … ⑤

6. 화음이는 위 글을 보고 이런 의문을 가졌어요. 어떤 부분에 대한 의문인지 동그라미 쳐보세요.

"어려서부터 태블릿에 익숙한 아이들은 태블릿으로도 충분히 책을 편하게 읽을 수 있지 않을까?"

| 휴대전화만 붙잡고 있으니 책을 읽을 리 없어요. | 디지털 교과서로 책을 보면 불편해요. | 손글씨를 쓰는 경우가 없다 보니 글씨를 쓰기도 읽기도 어려워요. |

늙은 말의 지혜

옛날 옛적, 제나라 환공이란 임금님이 있었어요. 어느 날, 환공은 군대를 이끌고 전쟁에 나가 승리를 거두었답니다. 전쟁이 끝나고 환공은 군사들과 함께 제나라로 돌아가려고 했어요. 그런데 깊은 산속을 지나던 중, 길을 잃고 말았어요. 산은 험하고 나무는 빽빽해서 어디가 어디인지 알 수 없었어요. 군사들은 점점 지쳐갔고, 모두 걱정에 빠졌어요.

그때, 지혜로운 재상 관중이 나섰어요. "폐하, 우리 군에 늙은 말이 한 마리 있습니다. 비록 늙고 힘은 없지만, 이 산을 자주 다녔던 말입니다. 그 말에게 길을 맡겨보는 것이 어떻겠습니까?"

환공은 처음엔 웃으며 말했어요. "늙은 말이 무슨 길을 안단 말이냐?" 하지만 군사들의 걱정이 커지자, 결국 관중의 말을 따르기로 했어요.

늙은 말은 군사들 사이에서 조용히 풀려났어요. 말은 천천히 앞장서서 걸었고, 군사들은 그 뒤를 따랐어요. 말은 처음엔 느릿느릿 힘없이 걸어갔답니다. 군사들은 모두 그 말을 의심했어요. 힘없이 걸어가는 모습이 언제라도 쓰러질 것만 같았거든요. 하지만, 놀랍게도 말은 길을 찾아내고 있었어요. 험한 산길을 지나고, 물길을 건너며, 말은 한 번도 멈추지 않았어요. 결국 군대는 무사히 산을 빠져나와 제나라로 돌아올 수 있었답니다.

환공은 늙은 말을 바라보며 깊이 깨달았어요. "늙었다고 무시해서는 안 되는구나. 경험과 지혜는 젊은 힘보다 더 귀한 것이로다."

그날 이후, 환공은 늙은 사람이나 오래된 물건이라도 함부로 버리지 않았어요. 백성들에게도 어르신을 공경하고, 오래된 지혜를 존중하라고 가르쳤답니다.

8주차

36 [환경] 길어진 여름이 우리의 밥상을 바꿔요. 155

37 [사회] 머지않은 미래, 우리도 다문화 국가 158

38 [과학] 하루 종일 쉬지 않고 일해도 괜찮아요. 162

39 [환경] 인도의 타지마할이 사라졌어요! 165

40 [문화] 한글 서예가 국가무형유산이 되었어요. 169

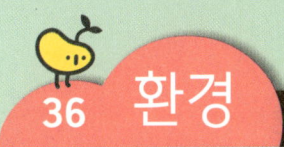

36 환경

날짜   년   월   일   요일

|관련 교과| **5학년 과학** 환경오염이 생물에 미치는 영향 **6학년 과학** 지구의 환경과 인간

길어진 여름이 우리의 밥상을 바꿔요. ★★★★★

폭염에 줄어든 수확량, 물가가 크게 올라

　2024년 발생한 기록적인 폭염으로 인해 밥상물가에 비상이 걸렸어요. 길고 길었던 여름 동안 땅과 바다의 온도가 크게 올라가다 보니 2023년과 달리 수확량이 줄어들었거든요. 수산물의 경우, 28도 이상의 수온에서 살기 어려운 광어가 대량으로 폐사하면서 생산량이 35%가량 줄었어요. 간장게장을 만드는 꽃게 역시 높은 수온으로 인해 약 45%가량 덜 잡히면서 가격이 오를 수밖에 없었어요. 가을의 별미라는 전어 역시 잡히지 않아서 마트에서 판매를 제대로 하지 못했어요.

　채소나 과일류는 어떨까요? 폭염으로 토마토 가격이 치솟자 햄버거 가게들이 햄버거에서 토마토를 뺐어요. 양상추 역시 폭염에 수확량이 줄어들자 양배추로 바꿔고요. 아이들이 좋아하는 방울토마토 가격은 2023년에 비해 2024년에는 거의 2배 가깝게 올랐어요. 배추는 또 어떤가요, 사람들이 배추를 비싸다고 금배추라고 불렀어요. 한국인에게 빼놓을 수 없는 김치를 만들기 위해서는 해발 600m 이상의 고랭지에서 자란 배추가 필요한데, 폭염에 그만 배추가 썩어버리고 만 거죠. 평소 한 통 3~4천 원 정도이던 가격이 10월 초 무렵 2만 원까지 폭등하면서 2050년엔 사람들이 ㉠김치를 소고기 먹듯 먹어야 한다는 우스갯소리가 나오기도 했어요.

　여름이 더 뜨겁고 길어지는 기후변화는 피할 수 없는 상황이라고 해요. 이 상황이 계속된다면 수확량은 더 줄어들 것이고 사람들은 더 힘들어질 것이 분명해요. 그렇기 때문에 _____㉡_____ 품종으로의 개량이 필요하다고 전문가들이 입을 모아 말하고 있어요. 한편, 아열대 기후에 맞는 과일 농사가 늘어나면 우리 식탁에 오르는 과일들의 종류도 바뀔 거예요. 제주와 전남에서 이미 애플망고나 용과, 바나나, 오렌지뿐만 아니라 커피와 올리브까지 생산되고 있거든요. 앞으로 20년 후엔 열대 과일들을 국산으로 사 먹고, 오히려 배추를 수입해서 먹는 일이 생길지도 모르겠어요.

어휘 풀이

폭염 매우 심한 더위.　**밥상물가** 밥상을 차리기 위해 필요한 비용.　**폐사** 짐승이나 생선이 병으로 죽는 일.　**별미** 특별히 좋은 맛을 지닌 음식.　**금배추** 배추 앞에 '금(金)'자를 붙여서 금만큼 비싼 배추란 뜻.　**고랭지** 산과 같이 높은데 춥고 찬 지역.　**개량** 나쁜 점을 보완하여 더 좋게 고침.

別 다를/나눌 별   味 맛 미

별(別)은 원래 고기에서 살을 발라낸다는 뜻으로 만들어진 글자예요. 그래서 '나누다'라는 뜻이 가장 먼저 생겼고, 비슷한 뜻으로 '헤어지다'가 나왔죠. 후에 구분한다는 의미가 강해져서 '특별하다'와 같은 의미가 또 생겨났어요. 뜻은 다양하지만 쓰다 보면 크게 '(사람과)헤어지다'와 '둘 사이를 구분하다' 정도로 이해할 수 있어요.

헤어지다
- 이별/결별: 헤어지다.
- 작별: 인사를 나누고 헤어짐.

나누다 구분하다 특별하다
- 별명: 이름 말고 따로 지은 이름.
- 차별: 수준이나 등급에 따라 대우를 달리 하다.
- 특별: 보통과 구별되게 다른 것.

내용 확인

1. 어려운 문제 위 글에서 알 수 있는 사실이 <u>아닌</u> 것은 무엇일까요?

① 밥상물가에 비상이 걸린 이유
② 수산물의 대량 폐사가 발생하게 된 이유
③ 햄버거 가게들이 양배추를 양상추로 바꾸는 이유
④ 우리나라에서 생산되는 아열대 과일들의 종류
⑤ 배추 가격이 2만 원을 넘은 이유

2. ㉠에 대한 설명으로 알맞은 것은 무엇일까요?

① 김치에서 소고기 맛이 나서   ② 김치가 소고기만큼 비싸서   ③ 소고기 가격이 떨어져서
④ 김치를 좋아하게 돼서   ⑤ 김치 맛보기 힘들어져서

3. 다음 중 폭염으로 인해 피해를 보지 않은 사람은 누구일까요?

① 제주도에서 광어 양식을 하는 솔이 아빠　② 충남 서천에서 꽃게잡이를 하는 하윤이 아빠
③ 전남 광양에서 전어를 잡는 시연이 아빠　④ 전남 광양에서 애플 망고를 재배하는 화음이 엄마
⑤ 강원도 강릉에서 배추를 재배하는 하린이 엄마

HINT 뜨거워진 날씨 때문에 피해를 입은 사람들도 있지만, 반대로 도움을 얻은 사람들도 있어요.

4. 어려운 문제 ⓒ에 들어갈 표현으로 알맞은 것은 무엇일까요?

① 물가를 잡을 수 있는　② 고온에서도 잘 자랄 수 있는　③ 더 싸게 수확할 수 있는
④ 추위에도 잘 버티는　⑤ 환경을 오염시키지 않는

5. 다음은 위 글을 요약한 글입니다. 빈칸에 알맞은 단어를 [보기]에서 찾아 채워 넣으세요.

유난히 뜨거웠던 2024년 여름의 긴 더위 때문에 밥상 [　　]가 많이 올랐어요. 높은 수온으로 인해 광어나 꽃게, 전어와 같은 수산물의 [　　]이 크게 줄어들었고, 채소나 과일들 역시 피해를 피할 수 없었거든요. 특히 [　　]지에서 생산되는 배추마저도 [　　]으로 인해 수확량이 줄어들면서 금값이 되었어요. 이처럼 [　　] 변화가 가져올 다양한 변화로 인해 우리 식생활도 크게 바뀔 것으로 예상되고 있어요.

[보기]　기후　폭염　고랭　개량　생산　물가　폐사

6. 다음의 설명에 해당하는 단어는 무엇인지 위 글에서 직접 찾아 써볼까요?

물건의 값이 갑자기 큰 폭으로 오르는 일.

(답) [　]ㄷ

HINT 어떤 품목의 값이 가장 큰 폭으로 올랐을까요?

머지않은 미래, 우리도 다문화 국가 ★★★★☆
전체 인구 중 5%가 넘으면 다문화 국가로 분류될 수 있어

(가) 법무부에 따르면 2024년 12월 기준으로 한국에 주소를 두고 장기 체류하고 있는 외국인의 수는 약 204만 명이에요. 전체 인구 5177만 명 중 약 3.9%를 차지하고 있는 숫자죠. 경기도 안산시 단원구의 경우 전체 인구의 23.1%인 6만 8천 명이 외국인일 정도로 외국인 비중이 전국에서 제일 높아요. 2위, 3위인 전남 영암군과 충북 음성군은 각각 18.4%, 16.8%가 외국인이에요. 그러다 보니 안산의 다문화 거리에는 외국인들을 위한 가게들이 즐비할 ㉠_____ 마트에도 중국, 베트남, 우즈베키스탄에서 온 곡물과 향신료가 가득해요.

(나) 경제협력개발기구(OECD)는 총 인구의 5% 이상이 외국인이면 다인종, 다문화 국가라고 분류해요. 우리나라는 외국인 근로자와 유학생이 빠르게 늘고 있는 추세라서 몇 년 안에 그 기준에 들어갈 것이라고 예상돼요. 제조업이나 건설, 농업, 어업 등 일손이 필요한 곳은 외국인 근로자 없이는 굴러가기 어려운 상황이지요. 그래서 배를 만드는 조선사인 한화오션은 직원 안전교육 교재를 베트남어, 네팔어, 중국어 등 7개 언어로 만들고 있어요. 초등학교의 경우 이미 4.4%의 학생들이 외국인 부모를 두고 있기 때문에 학교에서 학부모들에게 전달되는 알림장 내용은 다양한 언어로 번역되어 전달돼요.

(다) 이와 같이 다양한 문화와 인종의 사람들이 우리나라로 밀려오고 있지만, 이에 대한 인식은 부족한 상황이에요. TV에서 한국 문화에 감탄하며 놀라는 서양 사람들의 여행 모습만 보여주는 것과 달리 실제 우리나라에서 살고 있는 대부분의 외국인들은 중국과 베트남과 같은 아시아 사람들이에요. 이들은 사회 구석구석에서 한국 사람들이 기피하고 있는 일들을 대신하고 있어요. ㉡_____ 함께 어울리기 보다는 ㉢선을 긋고 멀리하려는 태도가 남아있어 문제가 되고 있어요.

어휘풀이

다문화 다(多)는 '많다'는 뜻이에요. 그러므로 '다문화'는 '다양한 문화'를 뜻해요. **법무부** 법을 집행하는 정부 기관인데, 외국인의 입국에 관한 업무도 같이 해요. **장기 체류** 체류란 집이 아닌 곳에서 머무르는 것을 뜻해요. 장기는 '긴 기간'이지요. 그러므로 장기 체류란 긴 시간 동안 집이 아닌 곳에 머무르는 일을 말해요. **분류** 종류에 따라서 나누다. **추세** 어떤 일이 벌어지는 방향. **경제협력개발기구** 부유한 나라와 가난한 나라가 서로 도우며 잘 살자며 만들어진 국제기구 중 하나. **제조업** 물건을 대량으로 (공장에서) 만드는 사업.

認 알 인 | 識 알 식

'식'이라고 하면 보통 '먹을/밥 식(食)'을 떠올리지만, 자주 쓰이는 '식' 중엔 지식이나 무식과 같이 '안다'로 사용하는 경우도 많답니다. 아는 것이 많다는 것을 뜻할 때 유식, 박식하다고 말하고 많은 사람들이 아는 보통의 지식을 말할 때는 지식, 상식 이렇게 표현하지요. 물론, '알아차리다'와 같은 뜻으로 사용되는 경우도 있지만 이것도 결국 '안다'는 뜻이랑 비슷해요. 무엇을 알아차릴 때는 인식, 깨어있는 상태로 인식하는 것을 의식(=생각)이라고 하지요. '의식이 없어요.'라고 말할 때 무의식이라고 하는 것도 마찬가지예요.

1. 위 글에서 알 수 있는 사실이 <u>아닌</u> 것은 무엇일까요?

① 전체 인구 중 외국인의 비중이 가장 높은 지역
② 한국에 장기 체류하고 있는 외국인의 수
③ 불법으로 장기 체류하고 있는 외국인의 수
④ 어떤 국가를 다문화 국가라고 말할 수 있는 외국인의 비율
⑤ 외국인 부모를 둔 초등학생의 비율

2. 다음의 내용에 해당하는 숫자를 선으로 이어 보세요.

전국의 초등학교에서 외국인 부모를 두고 있는 학생의 비율	• •	4.4%
전체 인구 중 장기 체류 외국인의 비율	• •	3.9%
충북 음성군에 거주하는 외국인 비율	• •	16.8%
다문화 국가라고 분류할 수 있는 외국인 비율	• •	5%

3. 어려운 문제 ⊙과 ⓒ에 들어갈 연결어로 가장 잘 어울리는 것은 무엇일까요?

① ⊙뿐만 아니라 – ⓒ그럼에도 불구하고　　② ⊙뿐만 아니라 – ⓒ물론　　③ ⊙새도 없이 – ⓒ결국
④ ⊙지 몰라도 – ⓒ하지만　　⑤ ⊙수 있지만 – ⓒ그럼에도 불구하고

4. ⓒ를 대신할 수 있는 표현으로 가장 알맞은 것은 무엇일까요?

① 천천히 녹아드는　　② 차별하려는　　③ 우리나라 사람처럼 대하려는
④ 모르는 척하려는　　⑤ 친하게 지내려는

5. (가), (나), (다) 내용을 정리해보았어요. 빈칸에 알맞은 단어를 넣어 보세요.

(가)	우리나라에 장기 ㅊ☐ 하고 있는 외국인의 수가 200만 명을 넘어섰어요. 경기도 안산이나 전남 영암, 충북 음성과 같은 동네에 가면 외국인의 수가 20%에 가까울 정도라서 외국인들을 위한 가게나 상품들을 흔히 볼 수 있어요.
(나)	5% 이상의 외국인 비율이면 다인종, ☐☐ 국가라고 불리는데, 우리나라도 그리 멀지 않았어요. 외국인 근로자는 우리 산업 현장 곳곳에 자리하고 있고, 그 자녀들도 학교에 점점 많아지고 있는 상황이에요.
(다)	하지만, 아직 다양한 문화의 인종들이 어우러져 사는 것에 대한 인식은 부족한 상황이에요. 실제로는 한국 사람들이 ㄱ☐ 하는 일들을 대신하고 있음에도 선을 긋고 멀리하려는 태도가 남아있기 때문이에요.

6. 다음에 사용된 '식' 중에서 그 의미가 다른 하나는 무엇일까요?

① 어려서부터 책을 많이 읽은 어린이는 상식이 뛰어난 어른이 될 가능성이 커요.
② 자신이 아는 것을 남이 모른다고 하여 그 사람이 무식한 것은 아니에요.
③ 아는 건 많이 없어도 때가 되면 배고파요. 어서 같이 급식실로 가요, 선생님.
④ 어라? 버스 카드가 인식이 안 돼요. 카드 결제기에 무언가 이상이 있나 봐요.
⑤ 저도 모르게 무의식적으로 콧구멍으로 손이 갔어요. 딱히 코를 파려는 것은 아니었는데.

7. 다음의 사례에서 보이는 한국인의 태도는 어떤 태도인지 위 글에서 찾아 써보세요.

> 안산시 단원구 원곡동과 백운동은 2017년 이전까지는 원곡본동과 원곡1, 2동으로 구분되어 있었어요. 하지만 원곡1, 2동 지역의 주민 수가 크게 늘었고, 숫자로 복잡하게 나뉜 이름도 다시 정리해야 할 필요성이 생겼어요. 여기에 원곡동에 선을 그으려는 목소리도 있었지요. 외국인이 많은 원곡동에 대한 안 좋은 인식 때문에 명칭을 바꿔야 한다는 주민들의 요구가 컸거든요. 원곡동에 사는 외국인의 비율이 전국 최고인 70%였어요. 결국 원곡1, 2동이 백운동으로 바뀐 이후 원곡동은 외국인만 사는 동네라는 인식이 더 강해지는 바람에 한국 사람들이 점차 떠나게 되었어요.

(답) _____ 하려는 태도

> 2025년 경기도의 이주배경학생은 5만 3천 명에 이른 답니다. 아버지나 어머니 중 한 분이 외국인이거나 혹은 둘 다 외국인인 경우예요. 이 수치는 1년 사이에 10%나 늘어난 수치예요. 전국의 이주배경학생이 19만 명 정도인 것을 고려하면, 경기도에는 1/4 정도의 이주배경학생이 다니고 있는 것이지요. 한국어에 서툰 학생들을 위해 경기도는 '경기한국어랭기지스쿨'(KLS)를 만들어서 학교에 들어가서 적응할 수 있도록 돕고 있어요. 한편, 이미 학교에 입학한 이주배경학생들을 위해서는 다문화특별학급을 운영하면서, 한국 친구들과의 원만한 학급 생활을 돕고 있답니다.

|관련 교과| **4학년 사회** 정보화 사회와 첨단 기술의 발달 **5학년 도덕** 정보 사회와 우리의 자세

하루 종일 쉬지 않고 일해도 괜찮아요. ★★★★
휴머노이드 로봇이 자동차를 인간보다 훨씬 잘 조립해요.

　(가) 2024년 8월, BMW가 미국의 자동차 공장에서 인간형(휴머노이드) 로봇의 시험 운영을 성공적으로 마쳤다고 밝혔어요. 이번에 사용된 로봇은 미국의 피규어(Figure)라는 회사의 로봇 '피규어 02'예요. 피규어 02는 자동차의 차체에 부품을 조립할 수 있도록 만들어졌어요. 사람처럼 두 발로 움직이고 양손과 손가락으로 사람처럼 정확하게 조립을 할 수 있을뿐더러, 사람의 말을 이해하고 주변 상황에 맞게 명령을 따른다고 해요.

　(나) 피규어 02를 운영한 결과, 인간에 비해 작업속도가 4배나 빨라졌고, 작업의 정확도는 7배나 늘어났어요. 더군다나 사람처럼 퇴근해서 집에 가거나 중간에 화장실을 가거나 밥을 먹지도 않아요. 전원만 제대로 공급된다면 하루종일 작업해도 아무런 불만이 없죠. 심지어 월급을 달라고도 말하지 않아요. 사람이라면 팔이 닿지 않거나, 공간이 좁아서 좀처럼 작업하기 어려운 공간에서도 피규어 02는 문제없이 조립을 완성해냈어요. 이런 결과에 따라 BMW는 앞으로 휴머노이드 조립 로봇에 대한 연구에 더욱 ㉠박차를 가할 것이라고 해요. BMW 뿐만 아니라, 테슬라나 현대차와 같은 회사들도 휴머노이드 로봇을 생산 현장에서 사용하기 위해 연구 중이에요.

　(다) 하지만 ㉡이런 상황을 불편하게 보는 사람들도 많아요. 휴머노이드 로봇이 인간의 일자리를 빼앗아 갈 것이기 때문이에요. 공장에서 자동차를 조립하는 사람들에게는 가족이 있고, 가족들은 집도 있어야 하고 학교도 다니고 밥도 먹어야 하지요. 가끔 여행도 다녀야 하고요. 그러려면 일을 해서 돈을 벌어야 하는데 쉬지도 않고 돈도 받지 않는 로봇이 그 자리를 대신하고 있는 거예요. 무인 자율주행 택시가 400대나 다니고 있는 중국 우한에서 ㉢택시 기사들의 불만이 빗발치고 있다는 것도 결국 같은 상황에서 이해할 수 있을 거예요.

어휘풀이

시험 운영 기능이 괜찮은지 확인해보기 위해 시험 삼아 운영해보는 것.　**전원** 전기 에너지가 오는 곳. 혹은 전기 에너지.　**박차를 가하다** '박차'란 구두 뒤에 달린 동그란 쇠붙이를 이야기하는데, 옛날엔 말을 타고 갈 때 '더 빨리 가라'고 재촉하기 위해 그 쇠붙이로 배를 찼대요. 그래서 박차를 가하다는 것은 어떤 일이 더 빨리 이루어지도록 힘을 더한다는 뜻이에요.

作 지을 작 | 業 업 업

'작(作)'은 사람이 무엇인가를 만드는 모양을 띤 글자인데, 그래서인지 '짓다/만들다' 혹은 '만들어진 것(작품)'의 의미를 지녀요. 작업(作業)은 '일을 하다' 혹은 말 그대로 '일(work)'을 뜻해요. 여기서 업(業)은 직업이라고 말할 때의 업이라서 '일'이란 뜻이거든요. 어떤 일을 하나하나 만들어간다고 하니, 일을 차근차근 해나간다는 뜻이지요. 자, 그럼 '작'을 두 가지로 구분해볼게요.

짓다 만들다	• 창작: 새롭게 만들다. • 작전: 어떤 목적을 이루기 위해 마련한 방법.	• 공작: 물건을 만들다.
만들어진 작품	• 동작: 몸을 움직여 만들어낸 모양. • 대표작: 대표적인 작품.	• 합작: 같이 만든 작품. • 문제작: 문제가 될 만한 작품.

1. 피규어 02에 대한 설명으로 알맞지 않은 것은 무엇일까요?

① 피규어 02는 사람 모양으로 생긴 로봇으로 자동차 부품을 차체에 조립할 수 있어요.
② 피규어 02는 사람의 명령을 듣고 이해하고 따라 할 수 있어요.
③ 피규어 02는 인간에 비해 4배나 빠르게 일할 수 있어요.
④ 피규어 02는 가격이 비싼 관계로 아직 공장에 설치하기 쉽지 않아요.
⑤ 피규어 02는 인간보다 유연하고 긴 팔로 좁은 공간에서도 충분히 작업이 가능해요.

2. ㉠의 표현을 비슷한 말로 고쳐보려고 해요. 가장 어울리는 표현은 무엇일까요?

① 허리띠를 졸라맬 것　② 혀를 찰 것　③ 어금니를 악물 것
④ 속도를 높일 것　⑤ 눈에 불을 켤 것

3. 어려운 문제 ⓒ에 해당되는 사람들이 <u>아닌</u> 것은 무엇일까요?

① 자동차를 살 소비자들   ② 로봇이 인간을 대신하는 것이 싫은 사람들   ③ 자동차 공장 근로자들
④ 우한의 택시기사들   ⑤ 일자리를 빼앗길 위기에 처한 사람들

4. (가), (나), (다) 내용을 정리해보았어요. 빈칸에 알맞은 단어를 넣어 보세요.

(가)	BMW는 피규어 02라는 휴머노이드 로봇으로 자동차 부품을 ㅈ☐ 하는 시험 운영을 성공적으로 마쳤다고 밝혔어요. 피규어 02는 사람과 비슷한 모양을 하고 있을뿐더러, 사람의 말도 이해한다고 해요.
(나)	피규어 02 덕분에 작업속도는 4배, 정확도는 7배나 늘었어요. 더군다나 퇴근도, 휴식도, 식사 시간도 없이 일하는 피규어 02는 인간이 어려워하는 작업까지 척척 해냈어요. ㅈ☐ 만 제대로 공급된다면 아무런 불만도 없답니다. BMW를 비롯한 많은 회사들이 휴머노이드 로봇을 개발하고 있는 이유예요.
(다)	미래에는 휴머노이드 로봇이 인간의 ㅇ☐ 를 빼앗아 갈 것이라고 우려하는 목소리도 커지고 있어요. 인간은 일을 통해 돈을 벌어야 하지만, 돈도 받지 않고 일하는 로봇이 인간보다 더 일을 잘하게 되면 인간의 일자리가 줄어들겠지요.

5. (다)의 내용에서 알 수 있는 ⓒ의 불만 내용으로 알맞은 것을 찾아보세요.

"무인택시가 늘어나다 보면 결국 택시기사란 직업은 사라질 거야."

"무인택시가 자꾸 늘어나면 도로가 꽉 막힐 거야."

"무인택시랑 사고가 나면 누가 책임을 져야 하는 거야?"

"이 복잡한 도시에서 무인 자율주행이 가능하겠어?"

39 환경

날짜   년   월   일   요일

|관련 교과| **5학년 과학** 환경오염이 생물에 미치는 영향 **6학년 과학** 지구의 환경과 인간

인도의 타지마할이 사라졌어요! ★★★☆
심각한 대기 오염이 시야를 가리고 여러 가지 질병을 발생시켜

　인도와 파키스탄에 심각한 대기 오염 문제가 발생하여 사람들이 숨을 제대로 쉴 수 없을 정도라고 해요. 인도의 수도 뉴델리의 경우, 2024년 11월 들어 초미세먼지(PM 2.5) 농도가 980㎍/㎥까지 치솟았고, 파키스탄의 라호르는 그보다 더한 1067㎍/㎥을 기록했어요. 인도의 유명 관광지인 타지마할은 먼지에 갇혀 보이지 않게 되었고 뉴델리의 학교들은 문을 닫았어요. 한국은 초미세먼지 시간당 평균 농도가 75㎍/㎥를 넘어가면 주의보, 150㎍/㎥을 넘어가면 경보를 발령해요. 그런데 인도는 900㎍/㎥을 넘었으니 엄청난 수치인 셈이죠.

　초미세먼지는 흔히 황사라고 불리는 미세먼지보다 크기가 작아서 눈에 보이지 않고, 들이마시더라도 몸 속 깊숙이 침투하기 때문에 폐와 심장에 여러 가지 질병을 일으키는 것으로 알려져 있어요. 이런 오염 물질들은 안개와 결합하여 짙고 뿌연 안개가 되는데 이것을 스모그(Smog)라고 해요. 타지마할과 같은 큰 건축물이 가려질 정도로 오염된 안개가 가득 차게 되는 것이죠. 인도는 매년 100만 명이 넘는 사람들이 대기 오염으로 죽는다고 해요. 그럼에도 인도와 파키스탄은 매년 10월부터 다음해 1월까지 항상 스모그로 　㉠　 .

　가장 큰 이유는 인도 북부와 파키스탄 지역의 곡창 지대에서 수확 후 남은 볏짚을 태우기 때문이에요. 거기에 낡은 자동차들의 매연과 요리를 위해 태운 나무에서 나오는 매연들로 인해 오염은 더욱더 심해지고 있어요. 하지만, 인도와 파키스탄에서는 이 문제를 좀처럼 해결할 수 없어요. 볏짚은 가축의 사료나 퇴비, 종이 원료로 재활용될 수 있지만 인도와 파키스탄의 가난한 농민들은 이것을 재활용할 수 있는 돈이 없거든요. 그냥 태워버리는 것이 가장 빠르고 간단한 처리 방법인 셈이에요. 해결책이 막막해진 인도 정부는 대기 오염을 해소하기 위해 인공 강우를 고려하고 있다고 해요.

어휘 풀이

수도 한 나라의 정부가 있는 도시. 한국의 수도는 서울이에요.　**해소** 문제가 되는 상태를 해결하여 없앰.　**㎍/㎥** 마이크로그램 퍼 세제곱미터. 가로, 세로, 높이가 1m인 공간 안에 있는 먼지의 무게를 나타내요.　**곡창 지대** 쌀 등의 곡식이 많이 나는 지역.　**볏짚** 쌀은 벼에서 열리는 곡물이지요. 쌀알을 털어내면 풀줄기만 남게 되는데 이것이 점차 마르면 노란색의 볏짚이 돼요.

大 큰 대 | 氣 기운 기

단어 그대로 풀이하면 큰 기운이란 뜻이지만, 실제로는 '공기'를 뜻하지요. 우리가 마시는 그 신선한 공기 말이에요. 실제로 기(氣) 안에는 공기란 뜻도 있거든요. 대기, 즉 큰 공기이므로 우리 눈앞에 하늘까지 펼쳐진 커다란 공기들을 지칭하는 말이겠지요. 물론, 공기란 뜻보다는 에너지/힘/기운을 뜻하는 경우가 더 많지요. 우리가 잘 알고 또 자주 쓰는 다음 단어들을 보면 딱 알 수 있을 거예요.

공기
- 기관지: 폐에 이르는 호흡 기관.
- 기상청: 날씨를 예측하고 예보하는 기관.
- 향기: 향이 나는 공기.
- 기류: 공기의 흐름.
- 기온: 공기의 온도.
- 연기: 불이 탈 때 나는 흐릿한 공기.

기운 에너지
- 감기: (추운) 기운을 느끼다.
- 분위기: 주변에서 느껴지는 느낌이나 기분.
- 용기: 어떤 어려운 일이라도 해내려는 굳센 힘.
- 전기: 전자의 힘을 이용한 에너지.

내용 확인

1. 위 글에 나온 내용과 맞는 이야기를 찾아보세요.

① 인도 스모그의 원인 중 가장 큰 것은 낡은 트럭과 같은 자동차에서 나오는 매연이에요.
② 인도와 파키스탄의 농민들은 볏짚 재활용을 해서 얻을 수 있는 이익이 크지 않다고 보고 있어요.
③ 인도와 파키스탄에서 스모그가 발생하는 시기는 1월부터 다음해 10월이에요.
④ 인도 정부는 대기 오염 문제를 막기 위해 인공 강우를 고려하고 있어요.
⑤ 볏짚은 사람들이 입는 옷의 재료나 음료수의 포장 용기 등으로 재활용돼요.

2. ㉠에 들어갈 표현으로 알맞은 것은 무엇일까요?

① 몸살을 앓아요.   ② 가뭄을 버텨내요.   ③ 눈코 뜰 새 없어요.
④ 바쁜 하루를 보내요.   ⑤ 시간 가는 줄 몰라요.

3. 다음의 숫자들과 맞는 내용을 선으로 이어주세요.

150㎍/㎥ •   • 한국에서 경보가 발령되는
                                       초미세먼지 시간당 농도

1067㎍/㎥ •   • 한국에서 주의보가 발령되는
                                       초미세먼지 시간당 농도

980㎍/㎥ •   • 11월 인도 뉴델리에서 기록된
                                       초미세먼지 시간당 농도

75㎍/㎥ •   • 11월 파키스탄 라호르에서 기록된
                                       초미세먼지 시간당 농도

4. 어려운 문제 위 글의 밑줄 친 단어들을 다음의 단어로 바꾸려고 해요. 어울리지 <u>않은</u> 것은 무엇일까요?

① 발생하여 → 일어나서   ② 문을 닫았어요. → 폐쇄되었어요.   ③ 일으키는 → 잠재우는
④ 오염된 → 더러운   ⑤ 막막해진 → 궁해진

HINT **궁하다** ① 가난하다. ② 상황이 어렵고 난처하다.

5. 다음의 설명에 해당하는 단어는 무엇일까요? 위 글에서 찾아보세요.

> 대기 중의 오염 물질들이 안개와 결합하여 만들어진 짙고 뿌연 안개

(답) _____

6. 친구들끼리 끝말잇기를 하고 있어요. 시작과 끝의 단어를 잘 살펴보며 빈칸에 알맞은 단어를 채워보세요.

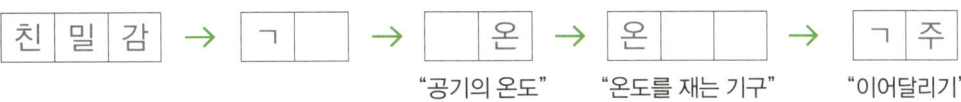

친밀감 → ㄱ☐ → ☐온☐ → 온☐☐ → ㄱ☐주
                "공기의 온도" "온도를 재는 기구" "이어달리기"

7. 다음에 사용된 '기' 중에서 그 의미가 <u>다른</u> 하나를 골라보세요.

하린 (콜록콜록) 아, 화음아 미안. 자꾸 기침이 나온다. (콜록)

화음 요새 감기가 유행이라더니 기침 감기 걸렸구나. 약은 먹었어? … ①

하린 응, 근데도 좀처럼 기침이 멈추질 않네. 갑자기 기온이 낮아져서 그런가 봐. … ②

화음 그러게, 나도 기상청 예보 봤는데, 이렇게까지 추워진다는 얘기 없었는데. … ③

하린 (콜록) 나도 지난주에 분명히 확인했거든. 예보보다 5도는 더 떨어졌나 봐.

화음 혹시 그거 알아? 무슨 풀 향기 나는 차(茶)인데, 지난번에 나 기침할 때 엄마가 끓여줬는데 그거 마시고 나니까 기침이 멎더라. … ④

하린 그런 게 있어? 이름이 뭔데? (콜록)

화음 응응, 그게 나도 신기해서 이름을 기억해 놓는다고 했는데, 아, 기억 안 난다.

하린 이름을 알아야 엄마한테 끓여달라고 할 텐데.

화음 아, 그 뭐더라. 미안, 미안. 기억이 연기처럼 사라졌어. 나 요즘 왜 이러니. … ⑤

40 문화

|관련 교과| **3학년 사회** 시대마다 다른 삶의 모습 **5학년 사회** 삶의 터전을 가꾼 조상들의 지혜

한글 서예가 국가무형유산이 되었어요. ★★★★★
우리나라를 대표할 수 있는 전통적인 예술로 인정받아

(가) 집이나 식당에 걸려있는 글씨 액자들을 본 적이 있을 거예요. 한자나 한글로 아름답게 쓴 글씨들을 하나의 미술작품처럼 생각하고 그림을 걸 듯 걸어놓은 것이지요. 옛날부터 우리 조상들은 글씨를 예술품으로 이해했어요. 그래서 서예, 즉 글씨 예술이라고 불렀어요. 특히 한글 서예는 1443년 훈민정음이 만들어지고 퍼진 그때부터 시작이 되었으니 500년도 넘는 역사를 가졌지요. 이렇듯, 오랜 전통을 지닌 한글 서예를 국가유산청에서 2025년 1월 23일 국가무형유산으로 지정했어요.

(나) 국가유산청은 한국 서예에 대해 오랜 역사를 가지고 있다는 점, 다양한 기록이 남아있어 다양한 연구에 활용이 된다는 점, 고유 문자인 한글을 사용하여 한자 서예와 구분된다는 점, 현재에도 활발하게 전승되며 캘리그라피와 같은 영역으로 확장되어 한국 문화의 다양성과 창의성에 크게 기여한다는 점 등 무형유산으로서의 가치가 충분하다고 봤어요. 쉽게 말해, 전통 예술로서 과거에도, 현재에도, 미래에도 예술적 가치가 지속된다고 본 것이죠.

(다) 최근에 유행하고 있는 캘리그라피도 분명 서예의 하나지만, 다른 점이 있어요. 전통 서예는 먹과 붓으로만 글을 써요. 벼루에 물을 붓고 먹으로 정성스레 갈아서 검은 먹물을 만든 후, 이 먹물을 붓에 묻혀서 종이에 글씨를 쓰게 되죠. 하지만, 캘리그라피는 붓 외에도 펜, 연필 등 다양한 도구를 사용해서 상황과 쓰임새에 맞게 글씨를 그려내요. 최근에는 큰 행사에서 글씨를 쓰는 '캘리그라피 공연(퍼포먼스)'까지 생겨났어요. 사람들이 무인 축제에서 관객들이 가수의 노래를 듣듯, 캘리그라피 예술가가 대형 글씨를 쓰는 과정을 감상하는 것이에요.

어휘 풀이

훈민정음 세종대왕이 만들고 퍼트린 한글의 처음 이름. **고유** 원래부터 갖고 있던 특수한 것. **국가무형유산** '무형'은 형태가 없다는 뜻. 그러므로 우리의 전통 중 형태가 없는 것을 뜻해요. 그것을 국가가 정하였으니 국가무형유산이라고 말하는 것이에요. **캘리그라피** Calligraphy. 직접 쓴 손글씨. **다양성** 다양한 모습을 가꾸려는 특성. **벼루** 물을 담을 수 있는 납작하게 생긴 돌 모양의 그릇. **먹** 나무를 태워 만든 그을음을 풀과 반죽하여 막대기 형태로 만든 것. 물을 묻히면 검은색이 만들어져요.

創 비롯할 창 意 뜻 의 性 성품 성

비롯할 창(創)이라고 하지만, 실제로는 '무엇을 만들다'라는 뜻으로 참 자주 쓰여요. 위 단어는 (새로운) 의미를 만드는 성질이란 뜻이죠. 그래서 '창의성이 뛰어나구나.'란 칭찬은 '새로운 걸 잘 만들어내는구나!'와 같은 것이지요. 여기서 성(性)은 흔히 '~하려는 성질'을 말해요. □□성이라는 단어들이 우리나라말에는 어찌나 많은지 셀 수도 없어요.

물론, 그 뜻 외에도 여성(女性) 혹은 남성(男性)과 같이 성별을 나타내는 경우도 있어요. 하지만, 이보다는 '□□성' 혹은 '□성'과 같이 성질/특징을 나타낼 때가 훨씬 더 많답니다.

내용 확인

1. 한글 서예에 대한 설명으로 맞지 않은 것은 무엇일까요?

① 한글 서예는 예로부터 하나의 예술품으로 인정받아 왔어요.
② 한글 서예는 국가무형유산으로 지정되어야 하지만, 아직 국가유산청에서 심사 중이에요.
③ 한글 서예는 현재 유행하는 캘리그라피의 조상이라고 할 수 있어요.
④ 캘리그라피는 서예와 비슷하지만 붓 외의 도구도 사용한다는 특징이 있어요.
⑤ 캘리그라피 퍼포먼스는 다양한 행사에서 펼쳐지고 있어요.

2. 국가유산청이 한글 서예를 국가무형유산으로 정한 이유가 아닌 것은 무엇일까요?

① 500년이 넘는 오랜 역사를 가지고 있다는 점.
② 다양한 기록이 남아있어 다양한 학문 연구에 활용이 된다는 점.
③ 고유한 한글을 사용하여 한자 서예와 구분되는 독창성을 지녔다는 점.
④ 현재에도 활발히 전승되어 퍼지고 있다는 점.
⑤ 과거의 가치보다 미래의 가치가 더 크게 인정받는다는 점.

3. '문방사우'란 옛 선비가 서재에서 서예를 하기 위해 늘 다루는 도구 네 가지를 말해요. 화음이는 문방사우 4개 중 1개인 종이는 이미 알고 있었어요. 그렇다면 나머지 3개의 물건은 무엇일까요? (다)에서 찾아보세요.

(답) 종이, _____

4. 위 글의 밑줄 친 단어들을 다음의 단어로 바꾸려고 해요. 어울리지 <u>않은</u> 것은 무엇일까요?

① 구분된다 → 다르다   ② 전승되며 → 이어져서   ③ 확장되어 → 퍼져서
④ 기여한다 → 방해가 된다   ⑤ 지속된다 → 유지된다

5. (가), (나), (다) 내용을 정리해보았어요. 빈칸에 알맞은 단어를 넣어 보세요.

(가)	한글 서예는 1443년 ☐☐☐ 이 만들어진 이후에 긴 시간 동안 전통문화로 자리 잡았어요. 글씨를 예술로 이해하고 받아들이는 오랜 전통에 대해 국가유산청이 ☐☐☐☐☐ 으로 지정했어요.
(나)	한글 서예는 오랜 역사를 갖고 있고, 한자 서예와 구분될뿐더러 현재에도 활발히 ㅈ☐ 되는 등 한국 문화의 다양성과 창의성에 크게 기여했다고 본 거예요. 과거에도 그랬고, 지금도 그렇고, 앞으로도 그렇게 이어질 것이라 본 것이죠.
(다)	최근 유행하는 캘리그라피나 캘리그라피 공연이나 모두 한글 서예에서 생겨난 것들이에요. 물론 사용하는 도구가 다르지만, 이제는 한글을 쓴 글씨뿐만 아니라 글씨를 쓰는 ㄱ☐ 자체를 예술품으로 인정하고 감상하게 되었어요.

한석봉과 어머니

옛날 옛적, 산골 마을에 한석봉이라는 총명한 소년이 살고 있었어요. 석봉이는 어려서부터 글씨를 잘 쓰기로 소문이 났고, 마을 사람들은 "저 아이는 틀림없이 큰 인물이 될 거야"라며 칭찬을 아끼지 않았답니다. 석봉이는 그런 칭찬에 기뻐하면서도 더 훌륭한 글씨를 쓰기 위해 날마다 붓을 들고 글을 연습했어요.

석봉이의 어머니는 마음이 따뜻하고 지혜로운 분이었어요. 아들이 글씨를 잘 쓰는 건 기뻤지만, 자만심을 갖게 될까 걱정이 되었지요. 어느 날, 석봉이는 어머니께 자랑스럽게 말했어요.

"어머니, 제 글씨는 이제 누구보다 잘 씁니다!"

어머니는 조용히 웃으며 말했어요.

"그래, 그럼 오늘 밤에 한번 시험해 보자꾸나."

그날 밤, 어머니는 방 안에 불을 끄고 어둠 속에서 떡을 썰기 시작했어요. 석봉이에게는 붓과 종이를 주며 글씨를 써보라고 했지요. 방 안은 캄캄했고, 석봉이는 손끝의 감각만으로 글씨를 써야 했어요. 어머니는 조용히 떡을 썰었고 그 소리는 일정하고 가지런했어요. 반면, 석봉이의 글씨는 삐뚤빼뚤하고 흐트러졌답니다.

아침이 되어 불을 켜자, 어머니가 썬 떡은 모두 고르고 반듯했지만, 석봉이의 글씨는 엉망이었어요. 석봉이는 그 모습을 보고 크게 깨달았어요.

"어머니, 저는 아직 멀었군요. 더 열심히 연습하겠습니다."

그날 이후 석봉이는 자만하지 않고 더욱 정진했어요. 눈이 오나 비가 오나, 새벽부터 밤까지 글씨를 연습했지요. 결국 석봉이는 조선 최고의 명필이 되었고, 그의 글씨는 궁궐에서도 쓰일 만큼 훌륭했답니다.

정답과 해설

정답 확인 (1~2주차)

1장

01 [사회] 장 보러 2시간, '식품 사막'을 아시나요? (p.12)
(1) ① ○ ② X ③ X ④ ○
②에서 없는 것은 대중교통이 아니라 마트예요. ③ 사는 사람이 없으니 마트가 문을 닫게 된 것이죠.
(2) 농촌, 대중교통, 쇼핑난민
(3) 식품 사막 – 집 주변에서 식품을 구할 수 있는 마트가 없는 지역.
쇼핑 난민 – 물건을 구하러 집 밖으로 나서기 어려운 노인들.
(4) ④
(5) ④
(6) ㉠ 시력 ㉡ 실력

02 [문화] 왜 다시 한국을 찾아왔냐고요? 맛있잖아요! (p.15)
(1) 국적 (혹은 국가)
(2) ②
(3) ① X ② X ③ ○
(4)
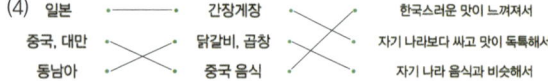
(5) 보도국의 '국'은 나라 국(國)자가 아니라 판 국(局)자예요. 그러므로 답은 보도국의 국.
(6) 왼쪽 줄은 차례대로 떡볶이 / 비빔밥 / 김치 / 부대찌개, 오른쪽 줄은 차례대로 냉면, 삼겹살, 김치찌개, 간장게장.

03 [경제] 대전의 성심당이 최고의 빵집이 된 이유 (p.19)
(1) ②, 성심당의 규모에 대한 언급은 따로 없어요. 그리고 성심당보다 더 큰 규모의 베이커리 카페들은 꽤 많답니다.
(2) ⑤, 파리바게뜨에 비해 많은 이익을 거두었다는 표현이 들어가야 해요. 점포 수가 고작 4개인데 이익이 크니 말이죠. 그 수가 예상보다 클 때 혹은 많을 때 나타나는 표현이 '무려'예요.
(3) 이익, 비용, 기부
(4) ②, '푸짐하다'는 양이 많다는 뜻이고, '얼큰하다'는 맛이 매워서 입안이 얼얼하다는 뜻이지요.
(5) ④, '활동(活動)'의 '동'자는 움직인다는 뜻이에요.
(6) 성심당은 그날 만들어서 팔고 남은 빵은 모두 가난한 이웃들에게 나눠주고 있어요. 이것은 1대 사장으로부터 내려온 '나눔의 정신'이라고 해요. 마찬가지로, 경주 최부잣집 역시 어려운 처지에 놓인 이웃들에게 재물을 나누어 주며 그들을 도왔어요. 그렇게 보면, 성심당과 최부잣집 모두 어려운 이웃들을 도우려는 자세(나눔의 정신)를 가지고 있어요. 자기들만 부자가 되려는 것이 아니라, 어려운 이웃들까지 같이 잘 살자고 한 것이에요. (예시) 이웃, 나눔

04 [사회] '우후죽순' 무인점포, 누가 훔쳐가면 어쩌나요? (p.23)
(1) ⑤, 전문가들은 유혹에 빠지기 쉬운 이들에 대해 어떤 대책이 필요할 것이라고만 말했어요.
(2) ①, 앞의 내용은 무인점포가 많아졌다는 이야기이고, 그 뒤의 이야기는 무인점포에 대한 범죄가 늘어났다는 이야기예요. 그러므로, '이처럼 많아졌지만 이런 나쁜 점도 생겼다.'와 같은 흐름이에요. '예를 들어'라고 말하려면, 무인점포가 얼마나 많아졌는지에 대한 예시가 나와야 하겠지요.
(3) 통계, 유혹
(4) ㉠ 할인 ㉡ 유혹
(5) 마실거리, 놀거리, 마실거리, 할거리, 망신거리, 군것질거리 등
(6) 네 번째, 바닥에 떨어진 동전을 줍거나 그냥 놔두거나 하는 결정은 불편함과는 상관이 없지요.

05 [환경] 평균 수명도 채우지 못하는 동물원의 동물들 (p.27)
(1) ②
(2) ① X ② ○ ③ X, 2025년부터 만들어 줄 예정이래요.
(3) 너무 일찍 세상을 떠난 것이지요.
(4)
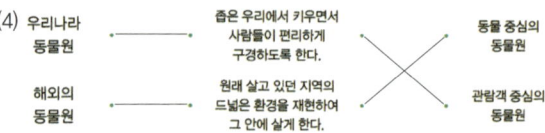
(5) ③, 대머리의 대는 순우리말이랍니다. 정확한 뜻은 아직 밝혀지지 않았어요.
(6) ① 부실 ② 멸종 ③ 개선 ④ 재현

2장

06 [문화] 책이요? 전 유튜브만 보는데요? (p.33)
(1) ① ○ ② ○ ③ ○
(2) ④, 책을 읽을 수 없는 이유는 3위까지 나와 있어요. 그리고 2021년의 독서율은 현재 43%의 독서율보다 4.5% 높았을 테니 47.5%였다는 것을 추측할 수 있어요.
(3) 책을 멀리 하게 돼요.
(4) 매체, 시간
(5) ① 최장 ② 최초 ③ 최소
(6) 두 번째 친구, 책을 안 읽는 이유 중 책 대신 스마트폰을 보는 것이 2위이니 책을 스마트폰으로 볼 수 있도록 하면 좋은 대안이 될 거예요. 하지만, 회사를 다니지 못하게 한다면 어떻게 먹고 사나요. 그리고 선물이라는 것은 좋아하는 것을 해줘야지 '무조건' 책으로만 해줄 수는 없지요.

07 [경제] 사람들이 제주도를 가지 않는 이유 (p.37)
(1) ⑤

(2) 비싸진 물가가 제주도에 미친 영향
(3) ①, 강원도가 인기가 높아지면 더 많은 돈을 주고도 가려는 사람들이 생길 테니까요. 돈을 벌고 싶은 사람들은 가격을 더 올리겠지요. 하지만, 너무 비싸지면 그보다 싸지만 더 좋은 곳을 찾아서 떠나가겠지요.
(4) 바가지, 분산
(5) 떠나, 싸, 늘어
(6)

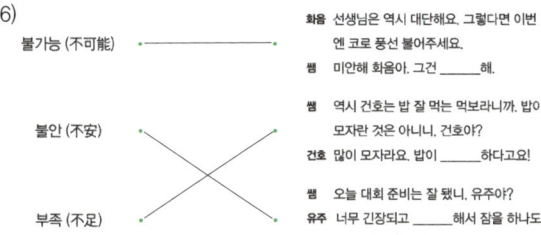

08 [과학] 하늘에서 치킨이 내려와요! (p.41)
(1) ⑤, 회사의 이름은 따로 나와 있지 않아요.
(2) ③, 섬 지역에는 육지와 달리 음식점과 같은 가게들이 많지 않기 때문에 배달 음식을 시켜먹는 일이 쉽지 않지요. 하지만, 이제 드론을 이용한 배송 서비스가 생겼으니 너무 좋은 것이겠지요? 그러므로, ⊙에는 '배달 음식 서비스가 어려웠다.'에 해당되는 내용이 들어가야 해요.
(3) ④, 냉장고는 엄청 무겁답니다. 어른 혼자서도 들기 어려워요. 그러므로 드론에 싣기란 무리예요.
(4) 첫 번째 친구. 배송비는 육지에서도 내죠. 그리고 배송비는 육지와 비슷한 수준이에요.
(5) 도입, 생필품
(6) ③,⑤. 이 둘은 움직이거나 옮긴다는 뜻이 아니라 우연의 '운'에 관한 내용이에요.

09 [사회] 고령운전자의 운전면허를 빼앗아야 하나요? (p.44)
(1) ②
(2) 자격, 의무화
(3)

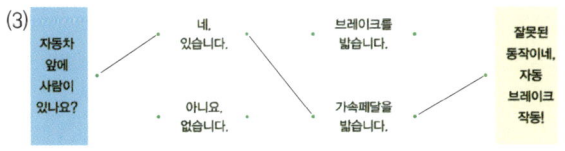

(4) ③
(5) ③, '고소하다'라는 말은 순우리말이에요. 볶은 깨나 참기름에서 나는 맛이나 냄새를 말하지요.
(6)

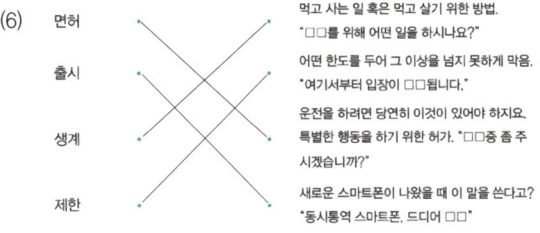

10 [경제] 프랑스 파리 올림픽은 '가성비' 올림픽 (p.48)
(1) ① X ② ○ ③ ○
(2) 재활용
(3) 계산, 적자,
(4)

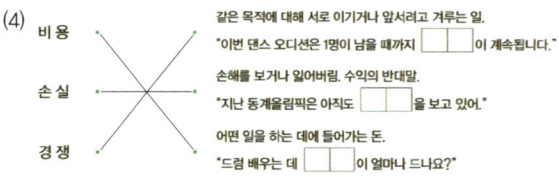

(5) 가성비
(6) (예시) "내 행복은 내가 찾아야 해요. 다른 사람의 행복을 따라할 필요는 없어!"
화음이의 기분이 갑자기 나빠진 것은 시연이의 책상이 자기 것보다 더 좋아보였기 때문이에요. 하지만, 화음이는 처음에 자기 책상이 너무 예뻐 보였거든요. 시연이 책상을 보기 전까지는 충분히 맘에 들었던 것이에요. 그런데, 시연이 책상을 보고 나니 자기 책상이 너무 초라해 보인 거죠. 왜냐하면, '비교'를 하게 되서 그래요. 비교를 하다 보니 자기 스스로 초라해진 것이에요. 그러니, 비교를 하지 않는 것이 중요해요. 다른 사람의 행복을 뒤좇을 필요는 없는 것이지요. 내 행복은 내 스스로 찾는 것이에요.

정답 확인 (3~4주차)

3장

11 [환경] 이제 칫솔과 치약은 내가 직접 챙겨가요. (p.54)
(1) ①, 객실이 50개 이상인 숙박업소에 해당 되어요.
(2)

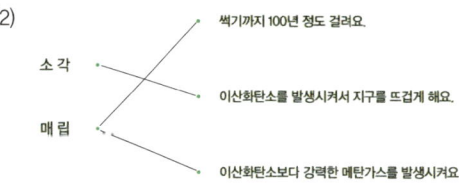

(3) ④
(4) 자원재활용법, 화석연료
(5) 세 번째, 계속 옷을 사면 옷을 만들어야 해요. 옷을 만들 때 환경오염이 발생한다고요.

12 [경제] 팝업 스토어가 끝나고 난 뒤 (p.57)
(1) ①, 장기가 아니라 단기예요.
(2) ④, 번쩍번쩍만 빛깔(모양)을 나타나는 의태어죠. 나머지는 소리를 나타내는 의성어예요.
(3) ③, '더군다나'는 어떤 상황이 더 심해질 때 사용되는 연결어예요. 앞의 내용이 좋은 내용이지만 뒤의 내용이 안 좋은 내용으로 바뀌므

로 연결어는 '내용을 반대하는' 의미의 것이 사용되어야 해요.
(4) 임대료, 소음
(5) 네 번째, 너무 많이 와서 문제지 사람들이 오는 것은 문제가 아니에요.

13 [문화] 전승취약종목을 찾아서 (p.60)
(1) ① ○ ② X ③ ○ ④ X
(2) ④, 줄어든 사람들에 대한 이야기가 뒤이어서 나오는 것을 보면 알 수 있어요. 사람들이 줄어든 것이 문제인 것이에요. 기술을 물려받을 사람도 없어질 정도이니까요.
(3) 윤도는 가운데 동그라미 나침반, 바다는 첫 번째 나무판, 백동연죽은 맨 아래 기다란 담뱃대예요.
(4) 전승취약, 장인, 나침반
(5) ③, 감기약의 '약(藥)'은 아픈 사람을 낫게 하는 약이에요.
(6) 세 번째 친구, 소중한 문화유산을 이야기하고 있는 중인데 갑자기 담배가 몸에 나쁘다는 이야기를 하고 있어요. 말하고자 하는 주제가 다르지요. 그리고 동백연죽이 한창 사용될 때에는 사람들이 담배가 나쁜 것이라고 생각하지 않았어요.

14 [과학] 비가 필요하다고요? 네, 금방 갑니다. (p.64)
(1) ⑤
(2)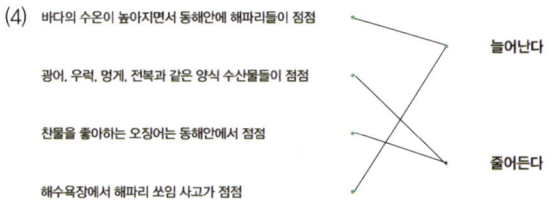
(3) ①
(4) 기우제, 인공강우, 적란운
(5) 두 번째, 이 글은 인공강우의 과정과 더불어 문제점도 지적하고 있어요.

15 [환경] 내가 버린 그 옷은 어디로 갈까요? (p.67)
(1) ④, 폴리에스테르는 바다에서 썩지 않고 잘게 부서지기만 해요.
(2) ①, '부추긴다'와 '떠민다'는 모두 남이 무엇을 하도록 권유하거나 시키는 행위예요.
(3) ③, 양이 많다는 이야기가 나오면 되지요. 그리고 '값을 매길 수 없다'는 말은 매우 소중하다는 뜻이에요.
(4) 소비, 환경, 인공, 미세
(5)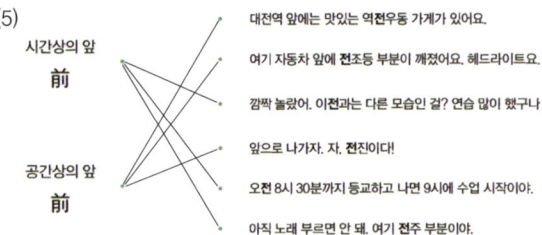

(6) 우리가 버린 옷이 결국 아프리카로 갔다가 다시 바다로 흘러 들어가고, 그것이 생선으로, 그리고 다시 인간에게 돌아오는 것을 보면 우리가 버린 것을 우리가 먹는 셈이 돼요. 우리가 잘못한 만큼 우리가 먹게 되는 것이니, 떡장수와 똑같아요. 떡장수도 자신이 먼저 잘못 했기 때문에 그 잘못이 돌고 돌아 자신에게 온 것이지요. 아마 자신이 정확한 양으로 떡을 만들었다면 콩 장수도 정확한 양으로 주었을 것이니까요. 마지막에 나온 문장처럼 "자기 꾀에 자기가 걸려 들어간 셈"이에요.

4장

16 [사회] 다음 쓰레기 매립지는 어디에 지어야 하나요? (p.73)
(1) ③, 3차 공모까지 하겠다고 나선 도시가 없어요.
(2) ③, 30년 넘게 다른 동네의 쓰레기를 받아주고 있는 주민들의 마음은 어떤 것일까요? 설마 부럽다고요?
(3) ④, 님비 현상은 사람들이 싫어하는 시설이어야 하지만, 보기의 경우 지하철역은 사람들이 오히려 좋아하는 시설이에요. 이런 경우는 님비의 반대말인 핌피(PIMPY : please in my front yard, 내 앞마당에 지어줘.)라고 불러요.
(4) 재활용, 님비, 혐오
(5) ⑤ '재래(在來)'란 오래전부터 있어왔다는 뜻이에요.
(6) 미끄럼틀 혹은 스키장, 눈썰매장 등

17 [문화] 한강, 한국인 최초의 노벨문학상 수상 (p.77)
(1) ⑤, 120만 부의 판매량은 노벨상 수상 이후의 판매량이에요.
(2) ③, 예상을 못했기 때문에 놀란 것이죠.
(3) ③, '불난 집에 부채질한다.'는 것은 남의 안 좋은 일을 더 안 좋게 만든다는 뜻이에요. 책이 엄청 잘 팔리는 것이 나쁜 일은 아니지요.
(4) 수상, 능력, 반전, 자부심 (5) 반성, 반박

18 [환경] 저 젤리 아닌데요, 저 해파리인데요. (p.80)
(1) ③
(2) ④
(3) ⑤, '이만저만'이란 표현 자체가 '이 정도나 저 정도로 평범한'이란 뜻이에요.
(4)
(5) 양식, 폐사, 조업, 촉수 (6) 바닷물

19 [경제] 영화 관람료가 비싼 게 아니라고요? (p.84)

(1) ③, 10명이 앉아있든 100명이 앉아있든 큰 차이가 없어요.
(2) ③, '결국'은 모든 내용을 정리하고 마무리 지을 때 나오는 표현이지요.
(3) 평균, 할인, 미끼상품
(4) 돈가스 가게. 식당에 손님이 늘어날 때마다 재료비가 더 들어가겠지요. 그 재료비와 요리비용을 손님들이 음식값으로 내는 것이지요. 그에 비해 고속버스도 서울숲도 사람이 더 많다고 해서 비용에 큰 차이가 나지는 않아요. 반대로 사람이 없다고 하더라도 돈이 적게 드는 것도 아니지요. 버스는 항상 움직여야 하고, 서울숲은 가꿔야 하니까요.
(5) ①, 관심(關心)은 '관계되는 마음' 즉 '그쪽으로 향하는 마음'이란 뜻이에요. '마음을 보다.'가 아니지요. 그 외의 나머지는 모두 유심히 보는 행위와 관련이 되어 있어요.
(6) 동물원 카페와 영화관의 비슷한 점은 미끼 상품을 내세우고 실제로는 음료와 먹을 것으로 돈을 번다는 것이에요. 동물원 카페에서 동물들은 영화관의 영화처럼 미끼상품일 뿐이에요. 동물원 카페에서도 영화관과 마찬가지로 할인을 크게 해줘서 사람들을 불러 모았어요. 싸게 샀다고 생각한 사람들이 오면, 그 사람들에게 비싼 음료수를 파는 것이죠. 미끼 상품을 보고 온 사람들에게 비싼 물건을 팔아서 수익을 남기는 것이에요. 이건 영화관이 영화를 미끼로 팝콘과 음료수를 팔아서 돈을 버는 것과 같은 것이에요.

20 [사회] 골칫거리로 전락한 전동 킥보드 (p.88)

(1) ④, (다)를 보면 이런 문제에 대한 해결이 어떠했는지를 알아보고 있지요. 우리도 이렇게 하자는 이야기를 하기 위해서예요.
(2) ④
(3) ⑤, 면허가 없어도 탈 수 있다는 것은 (나)에서 문제점으로 지적되고 있어요.
(4) 탑승자, 무면허, 퇴출
(5) 네 번째, 킥보드 사고를 이야기하는데 갑자기 자동차 얘기를 하고 있네요. 오히려 자동차 사고가 난다고 자동차를 없애자는 게 아니라, 사고가 나지 않도록 대책을 마련하자는 이야기인 셈이죠.

정답 확인 (5~6주차)

5장

21 [문화] 너 MBTI 뭐야? 우리 친구할래? (p.94)

(1) ④, 이 이야기는 왜 시작되었을까요? (가)에 나오듯, 한국 사람들이 MBTI를 너무 좋아하기 때문이지요.
(2) ⑤ '추켜세웠어요'는 다른 표현들과 달리 칭찬을 하고 있다는 표현이지요.
(3) ③, 나머지 것들은 MBTI를 과학적이지 않은 것, 믿을 수 없는 것으로 보지만 ③번만 유일하게 믿을만한 것으로 보고 있어요.
(4) 차별, 과학적
(5) ④, '열풍'은 큰 인기, '취업'은 직업을 갖는 일, '편견'은 삐뚤어진 생각, '압도적'은 2등과 큰 차이가 있는.
(6) ④, 과정(過程)의 '과'는 지나간다는 뜻이에요. 나머지는 모두 '과하다'라는 뜻.
(7) 둘 다 과학적이라고 말할 수 없어요. 재미로는 볼 수 있겠지만, 그걸로 사람 성격을 맞힌다거나 예측할 수는 없을 것이에요. 선생님은 모두에게 같은 쪽지를 주었지만 친구들은 모두 자기에게만 해당되는 이야기라고 믿었어요. 받은 사람 입장에서는 '혈액형이 이렇게 정확하게 성격을 분석하다니! 혈액형 짱이다!'라고 생각했을지 모르지만, 사실 엉터리이지요. 왜냐하면 쪽지 내용은 모든 사람에게 공통적으로 해당되는 내용이었으니까요. '이것이 당신의 성격입니다.'하고 누군가 말해주자 그럴싸해 보인 것이죠. (사람들은 생각보다 쉽게 속는 답니다.)
마찬가지로 MBTI도 과학적이지 않아요. 그걸로 사람의 성격을 정확하게 맞힌다는 것도 분류한다는 것도 불가능해요. 할 때마다 또 바뀔 걸요. 다른 곳에 가면 또 달라질 걸요. 또, 시간이 흐름에 따라 변할 수도 있고요. 그렇기 때문에 혈액형이나 MBTI로 사람의 성격을 알아맞히려는 시도는 모두 엉터리, 혹은 과학적이지 않은 일이라고 할 수 있어요.

22 [경제] 따라 사기 아니고, '디토'(Ditto) 소비입니다. (p.98)

(1) ① X ② ○ ③ X ④ ○
(2) 취향, 디토, 유대, 친밀
(3) ②
(4)
(1) 파리 올림픽의 탁구 선수 신유빈 선수는 경기 중 먹방으로 유명해졌어요. 특히 총총 빨아먹었던 젤 제품이 호기심을 불러일으키며 품절대란까지 일어났어요. — 뭐지 저건? 재미있어 보이네.
(2) 새로 냉장고를 사야 하는데 종류가 너무 많아서 쉽게 결정을 내리지 못하고 있었던 성동구 황은영씨. 황씨는 유명 IT 인플루언서의 2024 냉장고 분석 영상을 보고 마음을 굳혔습니다. — 시간과 노력을 아낄 수 있어.
(3) '검정 고무신'은 오래전 만화라서 팬을 좀처럼 찾기 어렵지요. 그렇기 때문에 검정고무신 팬들은 검정고무신 이야기를 콘텐츠로 다루는 유튜버 채널에서 활동을 활발하게 이어가고 있습니다. — 유대감과 친밀감을 높여줘.

(5) ③, 여기서 말하는 '감'은 무엇을 하기 위한 재료를 뜻해요.
(6) 과소비

23 [과학] 맛있는 고기, 이제 실험실에서 얻어요. (p.102)

(1) ③, 치킨용 닭은 좁은 닭장 속에서 꼼짝없이 약을 맞으며 32일을 큽니다.
(2)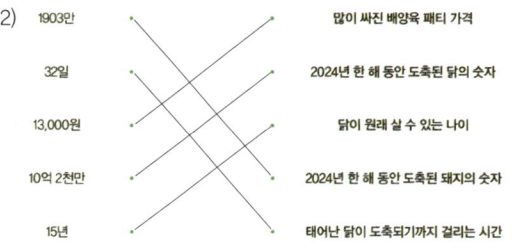

1903만 — 2024년 한 해 동안 도축된 돼지의 숫자
32일 — 태어난 닭이 도축되기까지 걸리는 시간
13,000원 — 많이 싸진 배양육 패티 가격
10억 2천만 — 2024년 한 해 동안 도축된 닭의 숫자
15년 — 닭이 원래 살 수 있는 나이

(3) ②, (다)는 배양육이 갖고 있는 문제점들을 계속 말하고 있는 중이에요. 가격 문제뿐만 아니라 식감도 문제라는 이야기.
(4) 희생, 세포, 식감
(5) 네 번째, 가축의 희생을 줄이기 위한 방법으로 배양육을 이야기하는 중인데 갑자기 '맛있는 구이'에 대해 이야기를 하는군요. 그리고 배양육도 잘 구워져요.

24 [사회] 건물에 불이 났어요! 어떻게 해야 하지요? (p.105)

(1) ⑤
(2) ⑤, 뛰어내릴 자세로 있다는 것은 이미 마음이 급한 거예요. 급하면 바람이 차기도 전에 떨어지게 돼요.
(3) ④, 전문가의 의견은 대학생의 의견과 다르다고 해요.
(4) 엉덩이, 유독가스, 베란다
(5) ③, '대형'은 큰 대(大)를 사용하죠.
(6) 두 번째, (다)에 나와 있듯, 화장실은 위험해요.

25 [문화] 남편의 성을 따르는 게 그렇게 중요한가요? (p.109)

(1) 차례대로 ㉮, ㉰, ㉯
(2) ③, (가)는 문장, "130여 년 전에 만들어진 제도가 전통처럼 굳어져서 아직도 내려오고 있는 것이죠."를 보면 일본의 부부동성제는 매우 강력한 제도예요. 모든 성씨가 하나가 된다는 이야기도 그런 면을 보여주죠. 그러다 보니 그와 반대되는 별성제를 주장하면 선거에서 떨어지기도 한다는 것이지요. 첫 번째 이야기에 이어 비슷한 사례를 또 보여주는 것이니 '심지어'나 '또', '더구나'가 가장 잘 어울려요. (다)는 앞의 내용과 반대되는 내용이에요. 그러므로 '하지만', '이와 달리'로 받을 수 있겠지요.
(3)

남편의 성을 따르는 나라	남편의 성을 따르지 않는 나라	
	각자의 성을 쓰는 나라	아버지, 어머니 이름을 모두 쓰는 나라
미국, 영국, 일본	한국	스페인, 이탈리아

(4) 법, 가부장, 혈연
(5) 유빈, 유빈이가 말한 '전교(全校)'는 학교의 전체를 뜻하는 것이에요. 전한다는 뜻이 아니죠.
(6) 세 번째, 법이 없으니 지키지 않아도 되지만, 불편함을 감수하고 전통을 지키는 사람들이 있어요. 미국 사람들 말이에요.

6장

26 [환경] 우리가 먹다 버린 음식물 어디로 가나요? (p.115)

(1) ②, 60%가 아니라 40%예요.
(2) ④, ㉠은 앞의 미국과 뒤의 한국을 비교해야 하는 상황이니, '이와 달리', '하지만' 등이 잘 어울리겠지요. ㉡의 경우, 워싱턴포스트가 살피지 못한 부분이 있다고 반론하고 있어요. 뒤이어지는 부분은 분명 '한국 음식물 재활용의 문제점'이거든요. (나)는 '한국 잘한다.'라면, (다)는 '한국 부족한 면도 있어.'이니 그 중간의 연결어로는 '하지만', '그렇지만'이 잘 어울리겠지요.
(3) 모범, 종량제, 사료, 퇴비
(4) ④, "처음부터 음식물 쓰레기를 줄이는 것이 중요해요."
(5) ③, 간을 약하게 하는 것과 음식물 쓰레기를 줄이는 것은 아무런 관련이 없어요.

27 [경제] 저 이제 초콜릿 못 먹게 되나요? (p.118)

(1) ① ○ ② ○ ③ X ④ X
(2) ⑤, '후하다'는 말은 마음 씀씀이나 태도가 너그러운 모양이에요. 그러니 넉넉하게 많이 준다는 뜻이죠.
(3) ④, 소득을 올려주었지만, 여전히 가난한 거죠.
(4)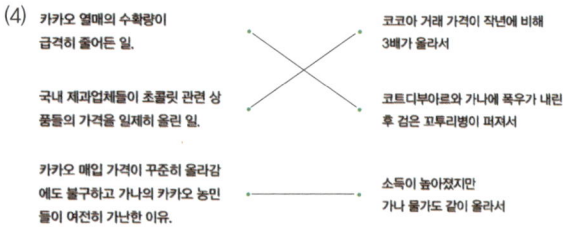

(6) 네 번째, 예매(豫買)의 매는 산다는 뜻의 매(買)예요.

28 [경제] 럭셔리 마케팅에 한번 속아볼까요 (p.121)

(1) ③, 반응이라고 한다면 이에 대해 '좋다/신선하다/별로다.' 등의 이야기가 있어야겠지요.
(2) ①, 고급스러움을 강조하는 마케팅을 이야기했지만, 공정거래위원회는 조사에 나섰죠. '너 거짓말 한 거 아니야?'라고 말이죠. 고급스러움에 대한 이야기를 아니라고 하고 있으니 '하지만'이 가장 잘 어울리겠네요.
(3) ⑤, 럭셔리 마케팅의 핵심은 소비를 통해 자신의 가치가 상승할 수 있다는 착각을 심어주는 데에 있어요.
(4) 자부, 재현, 의혹
(5) ⑤, 명필의 '명(名)'만 '유명한'이란 뜻이에요.
(6) 두 번째, 바샤 커피가 보여주는 이미지와 실제 내용은 전혀 다르죠.

29 [문화] 한국 양궁, 올림픽의 역사를 새로 쓰다. (p.125)

(1) ③, 2020년 올림픽에서 3관왕한 선수가 이번 선발전에서는 탈락했지요.
(2) ⑤, 비교가 안 된다는 것은 그만큼 가장 치열하다는 뜻이에요. 나머지 4개는 모두 비슷하다고 말하고 있어요.
(3) ③, 혜택을 주지 않았기 때문에 3관왕 선수도 탈락했지요. 긴장하면 집중력이 흐트러지고 실수까지 하게 돼요. 그래서(=그렇기 때문에) 실제 경기장과 똑같은 환경을 만들어놓은 것이죠.

(4) ⑤, 혜택은 다른 사람보다 더 많은 이익을 주는 것이니 벌칙과는 정반대의 의미죠.
(5) 분석, 공정성, 지원
(6) ①, ①번만 바다, 나머지의 서양의 것을 뜻해요.
(7) 세 번째, 급식으로 나온 딸기 우유는 당연히 모든 학생들이 똑같이 받아야 하죠. 그렇지 않으니 불공정해요.

30 [환경] 가로수가 꼭 닭발 같아요. (p.129)
(1) ⑤, 도로를 건너지 못하게 하는 것은 중앙분리대예요.
(2) ②, (나)에 건물 밖의 풍경을 가린다는 민원이 나오죠.
(3) ③, 단풍나무를 꾸며줄 수 있는 표현은 '울긋불긋'이지요. 단풍 색깔이 그렇잖아요. 가지치기를 가위나 톱으로 했을 테니 그 자르는 소리는 '뎅강뎅강'이겠지요.
(4) 역할, 민원, 그늘막
(5) 수영장 → 장군 → 군것질 → 질병
(6) ⑤, 수술에서 '수'(手)는 손을 뜻해요. 손으로 하는 작업 혹은 재주란 뜻이지요.
(7) 첫 번째, (나)를 보면 장마철에는 가로수의 나뭇잎들이 오히려 문제가 돼요. 배수구를 막을 경우 물이 빠지지 않아서 도로를 물바다로 만들어요. 그러므로, 가지치기는 오히려 홍수 피해를 줄이는 길이죠.

정답 확인 (7~8주차)

7장

31 [사회] 폐지 줍는 일 말고 다른 일 하시면 안 돼요? (p.135)
(1) ③, 손수레는 너비 1m가 넘을 경우 인도로 갈 수 없어요.
(2) ⑤, '뽀드득뽀드득'만 소리를 흉내 낸 의성어이고, 나머지는 모두 모양/형태를 흉내 낸 의태어예요.
(3) ③, 사고 당한 할머니를 괘씸히 여긴다는 것은 할머니가 지켜야 할 도리를 지키지 못했다는 뜻이 들어있어요. 은혜를 갚지 않거나 웃어른에 대한 버릇이 없거나 같은 경우처럼 말이에요. 하지만, 지금 ⓒ은 '힐머니, 왜 그러셨어요.ㅠㅠ'와 같은 분위기예요.
(4)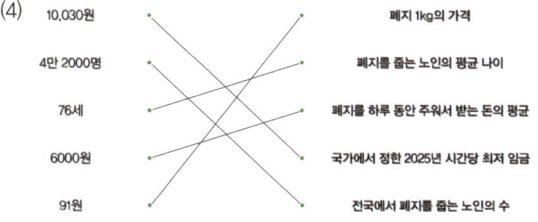
(5) ①, 복도만 길을 의미할 뿐, 나머지는 모두 이치나 법칙을 뜻해요.
(6) 산더미
(7) 세 번째, (나)에 따르면 어르신들은 다른 일을 구하기가 어려워요. 그래서 어쩔 수 없이 폐지를 줍는 것이에요.

32 [경제] 샤인머스캣 가격이 이게 맞나요? (p.139)
(1) ④, 사과와 달리 장기 보관이 어려워요.
(2) ②, '고작'은 너무 조금이라 놀라지 않을 때 사용하는 말이죠.
(3) ③, 가격이 떨어진 이유는 생산량이 늘어서예요. 시장에 물건이 많아지면서 가격이 떨어진 것이죠. (나)에 보면 "시장에 샤인머스캣이 넘쳐나게 되자 가격은 자꾸만 떨어져갔어요.."라고 되어 있죠. 마찬가지로 망고가 시장에 많이 풀리면서 가격이 떨어진 것도 그래요.
(4) 명품, 재배, 속아내기
(5) 세 번째, 명품 과일이 다시 되려면 맛도 좋고 가격도 비싸야 해요. 하지만, 샤인머스캣이 수입되어 온다면 시장에 샤인머스캣은 더 넘쳐날 것이고, 가격은 더 떨어지겠지요. ④번의 경우, 샤인머스캣의 재배 면적이 줄어들게 되면서 가격이 다시 올라갈 가능성이 생겨요.

33 [사회] 휴대전화야 이제 안녕, 여긴 학교야. (p.142)
(1) ⑤, 우리나라는 법안을 준비 중이고, 언제 시행될지는 아직 몰라요.
(2) ①, 이해할 수 없다는 이야기는 (심각성에) 동의할 수 없다는 뜻이에요. 하지만, 다른 나라들 또한 모두 문제의 심각성을 이해하고 있어요. 그 외의 보기들은 모두 문제에 대한 빠른 해결을 요구하고 있지요.
(3) ③, 프랑스 2025년 9월 / 뉴질랜드 2024년 5월 / 이탈리아 2022년 / 네덜란드 2024년 1월 / 영국 2024년 2월
(4) ⑤, 이건 문제점이 아니라 장점이에요.
(5) ③, 신선놀음(휴대전화)에 도끼자루 썩는(집중력이 흐트러지는) 줄 모른다.
(6)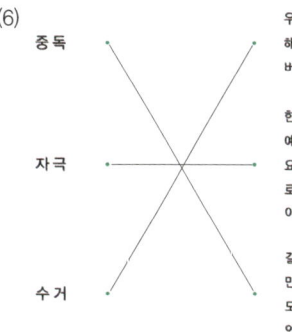

우리 아파트는 매주 목요일에 쓰레기 분리 □□해요. 종이, 플라스틱, 병과 캔, 비닐을 분리해서 버리면 다음날 □□업체에서 와서 가져갑니다.

한참 짖고 있는 강아지는 겁이 많이 난 상태일 거예요. 이런 상황에서 괜히 □□을(를) 주면 안 돼요. 예를 들어 발로 쿵쿵 땅을 치거나, 위협적으로 소리를 내는 행동은 강아지를 더 □□하는 일이에요.

길거리를 가다 보면 고개를 푹 숙인 채 휴대전화만 보고 가는 사람들이 있어요. 엘리베이터에서도 마찬가지예요. 잠시라도 그것을 보지 않으면 안 될 정도로 휴대전화에 □□된 것이죠.

34 [문화] 흑백요리사, 저도 재밌게 들었어요. (p.145)
(1) ① X, 2016년부터 ② X, 김경식 씨는 비장애인이에요. ③ ○
(2) 시각장애인에게 도움이 되는 부분 ①, 청각장애인에게 도움이 되는 부분 ④
(3) ⑤, 고음은 '높은 톤의 소리'죠. 작고 크고의 문제가 아니에요.
(4) 배리어프리, 섭외, 생동감, 비장애인
(5) ① 비위생적 ② 비현실적 ③ 비상
(6) 누구나 다 장애인이 될 수 있어요. 그리고 누구나 다 나이가 들면 늙고 힘이 없어질 수 있어요. 다리가 불편해질 수도 허리가 안 펴질

수도 있지요. 지금 자신이 건강하고 장애가 없다고 해서 장애를 가진 사람들을 차별하면, 그건 결국 먼 훗날의 자기 자신을 괴롭히는 일이 될 거예요. 장애인도 똑같이 버스를 타거나 지하철을 탈 수 있는 권리를 가지고 있어요. 같은 요금을 내고도 누구는 느리게 탄다고 타지 말라고 한다면 장애인들은 집 밖으로 나올 수도 없단 말인가요. 장애인도 외출할 수 있는 거잖아요.

35 [과학] 태블릿 달랑 하나 들고 학교 가는 거 어때? (p.149)
(1) ②, 첫 문단의 첫 문장에 나오죠.
(2) ①, 2028년부터 도입하려던 계획이 중지되고, 디지털 교과서는 '자료'가 되었답니다. ②번의 경우, 디지털교과서는 번역 기능을 제공하기 때문에 외국어에 익숙한 친구들도 충분히 공부할 수 있어요.
(3) 교과서, 문해력, 손글씨, 충돌
(4) ②, (나)에서 학부모들이 걱정하는 것은 문해력이죠. 그리고 문해력과 책을 연관 지어 생각하고 있어요. 태블릿으로는 책을 더 안 읽게 된다면서 반대하고 있으니까요.
(5) ④, 정교(精巧)에서 '교'는 '솜씨가 있다'는 뜻이에요.
(6) 두 번째, 학부모들은 태블릿으로 책을 더 안 읽게 된다고 했으나 이에 대해 화음이는 의문을 가진 것이지요. 어려서부터 자연스레 태블릿으로 보고 듣던 아이들에게는 태블릿이 책보다 더 친숙하지 않을까 해서요.

8장

36 [환경] 길어진 여름이 우리의 밥상을 바꿔요. (p.155)
(1) ③, 양상추가 양배추로 바뀌었지요.
(2) ②, 소고기는 비싸고 맛있는 음식을 대표해요.
(3) ④, 날씨가 점점 더워지면서 더운 지방에서 키우던 과일들을 우리나라에서도 키울 수 있게 되었어요. 이전에는 없던 작물을 재배하여 팔 수 있게 되었으니 좋은 일이죠. 하지만, 광어나 꽃게, 전저, 배추는 모두 생산이 어렵게 되었어요.
(4) ②, 이 모든 것이 길고 더 더워진 여름 때문이에요.
(5) 물가, 생산, 고랭, 폭염, 기후
(6) 폭등

37 [사회] 머지 않은 미래, 우리도 다문화 국가 (p.158)
(1) ③
(2)
전국의 초등학교에서 외국인 부모를 두고 있는 학생의 비율	4.4%
전체 인구 중 장기 체류 외국인의 비율	3.9%
충북 음성군에 거주하는 외국인 비율	16.8%
다문화 국가라고 분류할 수 있는 외국인 비율	5%

(3) ①, 가게들이 많을 뿐만 아니라 외국의 향신료도 많은 거지요. 우리의 일을 대신해주고 있음에도 불구하고 여전히 차별하는 시선이 있는 거예요.
(4) ②, (다)의 첫 문장을 보면 다양한 문화와 인종의 사람들에 대한 인식이 부족하다는 것을 지적하고 있어요. 선을 긋고 멀리하려는 태도는 그들에 대해 '다르게 대하고 있다'는 사실을 알려줘요.
(5) 체류, 다문화, 기피
(6) ③, 급식실의 식은 먹을 식(食)이죠. 나머지는 모두 '알 식(識)'이에요.
(7) (함께 어울리기 보다는) 선을 긋고 멀리

38 [과학] 하루 종일 쉬지 않고 일해도 괜찮아요. (p.162)
(1) ④, 가격 얘기는 없어요. 그리고 가격이 비싸도 워낙 장점이 많으니 아마 설치될 거예요.
(2) ④, 박차를 가한다는 것은 '말을 더 빨리 달리게 한다.'는 뜻인데, 지금은 '일의 속도를 높인다.'는 뜻으로 사용돼요.
(3) ①, 소비자들은 오히려 좋겠지요. 휴머노이드 로봇이 만들면 자동차 가격이 훨씬 싸질 테니까요. 자동차 회사들은 조립 직원들의 월급을 아낄 수 있거든요.
(4) 조립, 전원, 일자리
(5) 첫 번째, (다)에서 사람들은 일자리를 휴머노이드에게 빼앗길까봐 걱정하고 있어요.

39 [환경] 인도의 타지마할이 사라졌어요! (p.165)
(1) ④
(2) ①, '몸살을 앓다.'는 고통을 겪는다는 뜻이에요. 원래 뜻도 '아프다'이니 인도와 파키스탄이 아프다고 말해도 뜻이 통하죠.
(3)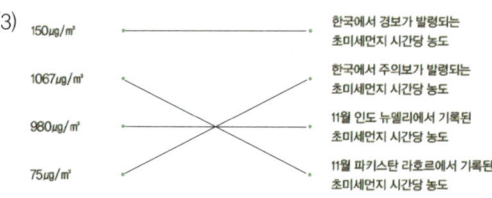
(4) ③, 질병을 일으키는 것과 잠재우는 것은 정확히 반대죠.
(5) 스모그
(6) 감기 → 기온 → 온도계 → 계주
(7) ①, 감기의 기(氣)만 기운 혹은 에너지를 뜻하고 나머지는 모두 공기/날씨를 뜻해요.

40 [문화] 한글 서예가 국가무형유산이 되었어요. (p.169)
(1) ②, 2025년 1월 23일 이미 지정되었어요.
(2) ⑤, 과거, 현재, 미래 가릴 것 없이 예술적 가치를 인정하는 것이에요. 미래의 가치가 유난히 더 크게 인정받는 것은 아니에요.
(3) 벼루, 먹, 붓
(4) ④, 기여한다는 것은 도움을 준다는 뜻이지요.
(5) 훈민정음, 국가무형유산, 전승, 과정